무지개 프로젝트

무지개 프로젝트

박성효 지음

행복한 종

주민 눈높이에 맞춰 마음으로 하는 일

나는 대전광역시 민선 4기 시장에 취임하면서 오랫동안 고민하고 구상했던 빈곤지역 재생사업을 시작했다. 저소득층이 밀집된 낙후지역을 선택해 일상생활과 연관돼 있는 모든 분야에 대해 집중적으로 지원하는 사업이다. 이것은 국내에서 사례가 없는 새로운 개념의 복지정책으로 '선택과 집중'이라는 방식으로 추진하는 무지개 프로젝트다.

대전시에는 영구임대아파트 지역을 비롯해 달동네 등 취약계층이 몰려 사는 지역이 있다. 취약계층의 주민들은 대체로 삶에 지친 사람들이다. 달동네라는 지역 환경은 주민들의 의식을 지배해 좌절감에 빠져들게 한다. 사회 양극화 현상은 세계적인 추세이지만 강 건너 불구경 하듯 무관심할 수 있는 일이 아니었다. 이를 방치했을 경우에는 더욱 심각한 사회문제가 대두되고 그 부담을 우리 모두가 껴안아야 한다.

이 사업이 시작되자 그 계기가 무엇이냐고 묻는 사람들이 많았다. 공직자의 입장에서 열악한 주거환경을 개선하고자 하는 의무감이 계기라면 계기라고 말할 수 있다. 그분들에게 격려와 용기를 주고 삶에 대한 희망을 갖게 하는 것이 무지개 프로젝트 사업이다.

우선 이러한 과정에서 그분들의 마음을 상하지 않게 해야 한다. 도와주는 사람이 '내가 너 도와준다' 며 생색을 내다보면 일상적인 업무에 불과하다고 느낄 것이다. 복지 행정은 어려운 이론이 아니다. 정상적인 생각을 하는 사람의 따뜻한 마음이 이 사업을 끌어나가는 것이다. 사회복지에 대한 지식은 오히려 따듯한 마음 다음에 필요한 것이다.

공무원은 수동적이거나 시혜적인 입장을 떠나 주민들의 눈높이에 맞추고 자신의 마음 문을 열어야 한다. 공무원이 따뜻한 마음으로 다가갈 때 주민들도 자발적으로 동참한다. 집을 고쳐줄 때는 내 집 고친다고 생각하면 어떻게 해야 할지 답이 절로 나온다. 장애인들을 위한 복지정책을 실시할 때도 내가 장애인이라고 생각해서 방법을 찾는 것이 눈높이를 맞추는 것이요, 마음을 여는 것이다. 장애인들도 진정성을 가지고 도와주는 사람을 눈빛만으로도 알아챈다.

공무원 튜터로 인해 자녀의 학습효과를 본 한 주민이 나에게 이런 부탁을 했다.

"시장님, 우리 아이가 계속 튜터 선생님 지도 받게 좀 해 주세요."

나는 이렇게 대답했다.

"그것은 제가 결정할 사항은 아니지만 자녀분이 '선생님, 계속 좀 도와주세요'라고 말해 보라고 하세요. 그 말 듣고 안 도와줄 사람 있겠습니까."

그때부터 선생님과 제자의 소통이 시작되는 것이다. 학생은 공부만 배우는 것이 아니라 언니 오빠들로부터 인생도 배운다. 공무원 튜터 역시 소중한 체험을 한다. 이런 소통의 관계를 체험한 아이들은 인생의 자신감을 갖는다. 자신감은 공허한 구호 몇 마디로 생기는 것이 아니다.

이런 모습들이 사람 사는 세상이다. 내가 바라는 무지개 프로젝트의 보람은 어려운 사람들끼리 서로 도와주면서 살자는 것이다.

무지개 프로젝트가 궁극적으로 추구하는 것은 사람 중심의 따뜻한 동네재생이다. 빈곤으로 인해 생긴 열악한 주거환경이 좌절과 자괴감에 빠진 지역사회를 만들고 이러한 지역사회에서 성장하는 어린이나 생활하는 주민들은 미래를 잃어버리고 서로 갈등하고 파괴적이 되는 악순환을 끊어버리려는 것이다. 열악한 주거환경을 개선하고 자녀들에게 희망을 주는 교육환경을 만들어서 서로 돕고 격려하는 열려진 동네 공동체문화를 복원시키자는 것이다.

이 모든 사업은 사람을 중심으로 펼쳐지고 있다. 사람 사는 마을, 인정이 넘치는 마을을 만들기 위한 인간 본위의 발상이다. 다시 말하면 주민이 참여해서 주민이 원하는 삶터를 가꾸도록 하자는 것이 무지개 프로젝트다.

자치행정은 자기가 건너기 위해서가 아니라 뒷사람을 위해 다리를 놓는 작업이다. 나는 무지개 프로젝트처럼 가난하고 소외된 사람들을 배려하고, 그들이 희망을 가질 수 있게 하는 정책을 늘 꿈꾼다. 시민들이 가족 그리고 이웃과 함께 어울려 살아가는 행복하고 건강한 사회를 만드는 것이 나의 희망이다. 시민이 행복한 행정 그리고 건강한 지역사회를 만드는 일은 원대한 비전에 바탕을 두고 중장기적인 목표와 계획을 세워 지속적으로 꾸준히 이루어 나아가야 한다.

이 책을 펴내면서 많이 망설였다. 무지개 프로젝트가 어렵고 가난한 이웃들을 위한 사업으로 만족할 만한 성과를 거두고 있으나 아직 진행형이기 때문이다. 뿐만 아니라 나의 공으로 비쳐질까 두렵기도 하다. 이 사업을 추진함에 있어 공무원과 시의회, 사회복지사, 자원봉사자 및 여러 학자 들의 도움과 땀이 없었다면 결코 성취를 이루지 못했을 것이기 때문이다. 이제 무지개 프로젝트가 대전뿐 아니라 전국적으로 많은 자치단체에서 벤치마킹하는 사업이 되었고, 정부가 추진하는 사회 양극화 해소라는 국정과제와도 일치하는 일이기에 용기를 내었다.

이 책은 학문적 이론서가 아니다. 내 자신이 무지개 프로젝트를 추진하며 현장에서 겪은 일과 만난 사람들의 이야기이며, 시정의 책임자로서 평소에 생각하는 것들을 글로 옮겨본 것이다. 그러기에 때로는 정리가 덜 되있고 난삽하게 보일 수도 있다. 하지만 대전은 물론 우리나라 소외된 시민을 위한 행복 만들기에 작은 지침서가 되었으면 하는 바램으로 펴낸다. 이 책으로 인해 더 많은 희망과 행복의 이야기가 꽃필 수 있다면 큰 기쁨과 보람이 될 것이다.

2009년 8월
대전광역시장 박 성 효

내가 세상 끝날까지 너와 항상 함께 있으리라!

제가 평생을 한 지역교회에서 하나님을 섬겨왔듯이 박성효 시장도 평생을 대전에서 시민들을 섬겨왔습니다. 그만큼 대전을 사랑하는 열정이 크시고, 소신 있는 정책과 추진력을 바탕으로 많은 일을 해오고 계십니다.

3천만 그루 나무심기와 50여 년만의 시내버스 노선개편 그리고 소외되고 낙후된 지역민을 위한 도시재생사업 '무지개 프로젝트'에서 그의 행정철학을 읽을 수 있습니다.

우리는 여러 가지로 참 어려운 시절에 살고 있습니다.
그래서 절망하고 자포자기하는 사람들을
쉽게 볼 수 있습니다
그들의 공통점은 어떤 희망도, 어떤 약속도
품고 있지 않다는 점입니다.
그런데 우리 주님께서는
부활하신 후 승천을 앞두고

안타까워하며 불안해하는 제자들에게
엄청난 약속을 주셨습니다.
"내가 세상 끝날까지 너와 항상 함께 있으리라!"(마태복음 28장 20절)

이 말씀은 21세기에 사는 우리들에게도 동일한 무게로 말씀
하신 주님의 약속입니다.
이 약속의 말씀을 품고 이 거친 세상에서 더욱 담대하게 살
아갑시다.

2009년 8월

김장환 목사 (극동방송 이사장)

모두가 더불어 사는 사회를 위하여!

우리 사회가 매우 어렵습니다.

프랑스 혁명이 내세웠던 '자유, 평등, 박애'라는 모토 중에 자유와 평등은 민주주의의 발전에 의해 어느 정도 실현될 수 있었습니다. 그러나 박애, 곧 형제애는 실현되었다기보다 선포된 상태로 남아있다고 봅니다. 이 형제애는 우리 모두가 더불어서 함께 살기 위하여 다시 되찾아야 하는 우리의 이상이며, 정치와 행정은 이 형제애를 실현하도록 노력하여야 합니다.

어려운 지역에 사는 분들에게 특별한 관심과 사랑을 베푸는 것은 아름다운 일입니다. 박성효 대전시장님 추진하시는 '무지개 프로젝트'는 나눔과 소통을 통해 우리 모두 함께 잘 살 수 있다는 공존의 법칙을 보여주는 사업이라고 생각합니다. 소외계층의 사람들을, 그들의 처지에 맞게 배려한 도시 복지 행정정책 실행이 어떻게 변화시킬 수 있는지를 잘 보여줍니다.

상대방의 눈높이에 맞추는 배려는 세상을 아름답게 만드는 인본주의의 핵심입니다. 모든 종교가 '남이 너에게 해주기를 바라는 대로 너도 남에게 해 주어라'라고 부르는 '황금률'을 가르칩니다. 시민의 눈높이에 맞추는 '무지개 프로젝트'와 같은 많은 정책들이 실현되어, 모두가 더불어 사는 아름다운 대전시가 되기를 기원합니다.

　모두가 더불어 사는 사회를 만드는데 제 역할도 다할 것을 약속드립니다.

2009년 8월

유흥식 주교(천주교 대전교구장)

열정과 소신 그리고 그 인간미

박성효 대전시장님의 행정철학에는 자비와 사랑이 담겨있습니다. 시장의 리더십이 온 도시의 이미지를 바꾸고 있습니다. 가난하고 소외받은 이들이 마음의 문을 열고 있습니다.

시장님의 열정과 소신 그리고 그 인간미가 '무지개 프로젝트'를 가로막는 모든 장벽들을 하나씩 허물어가고 있습니다. 어려운 이웃과 소외받은 계층에 대한 관심과 따뜻한 배려는 우리가 잊고 있던 많은 것들을 생각하게 합니다.

지금 대전시에는 '발상의 전환'으로 놀라운 일들이 벌어지고 있습니다. 함께 희망을 찾는 '무지개 프로젝트'가 소통과 나눔을 통해 사회 구성원 모두에게 행복을 주고 있기 때문입니다. 함께 어울려 사는 건강한 삶의 터전을 바탕으로 펼쳐지는 '무지개 프로젝트'는 빈곤을 풍요로, 소외를 공존으로 세상을 살맛나게 바꾸어 가고 있습니다.

오랫동안 지켜온 삶의 터전을 바꾸지 않고도, 살고 있는 그 자리에서 작은 변화를 큰 의미로 만들어 많은 이들로 하여금 행복을 꿈꾸게 하고 사람을 중심으로 하는 따뜻한 세상을 만들어 가고 있습니다.

저와는 학창시절의 향수가 담겨 있는 대전이 이제는 지방자치단체의 새로운 복지모델로 전 세계가 주목하고 있으며 도시재생사업의 우수사례로 평가받고 있습니다. 모든 종교가 지향하는 보편적 가치인 인류의 평화와 행복이 이곳 대전에서 새롭게 시작되고 있는 것입니다.

행복무지개가 늘 대전시와 함께 하길 기원 드립니다.

2009년 8월

운산 스님(한국불교태고종 총무원장)

part3_ 무지개가 뜨는 마을들

part4_ 무지개 프로젝트를 넘어

Part **1**

무지개를 찾아서

무지개를 찾는 꿈

인간에 대한 애정과 봉사

어린 시절 나에게 가장 큰 감동으로 다가온 이야기는 아프리카의 성자로 불린 슈바이처 박사에 관한 이야기다. 슈바이처의 전기를 읽으면서 내 가슴에 각인된 가치관은 인간에 대한 애정과 봉사의 정신이다.

친구와 몸싸움을 벌여 이긴 슈바이처는 친구에게서 너무나 가슴 아픈 이야기를 듣는다.

"내가 너처럼 부잣집 아들이어서 잘 먹을 수 있었다면 너한테 이렇게 지지는 않았을 것이다."

이 말을 듣고 어린 슈바이처는 자신이 속한 세계에 대해 자각하기 시작한다. 그리고는 자신의 삶을 이웃에게 나누어 주는 봉사와 헌신의 삶을 펼쳐간 것이다. 세상에는 어려움에 처한 사람들도 많고 누군가의 도움 없이는 생존을 유지할 수 없는 사람들이 있다는 사실을 깨닫고 지구상의 가장 오지인 아프리카로 들어가 의료봉사로 생애를 바치게 된 것이다. 자신의 영화를 뒤로한 채 아프리카에 건너가 생을 바친다는 것은 인간에 대한 숭고하고 장엄한 사랑과 열정이 없으면 불가능한 일이다. 슈바이처에 대한 존경과 더불어 나도 누군가 다른 사람을 위해 헌신하며 살아야겠다고 생각했다.

비록 어린 나이였지만 슈바이처 박사의 전기를 읽으면서 나는 세상에 대한 걱정과 복잡한 마음이 생겼다. 내가 다니던 삼성초등학교 주변에는 도시락을 싸오지 못할 만큼 가난한 아이들이 많았다. 극빈층의 아이들에게는 옥수수 빵을 무료로 나눠주었는데 학급의 간부로 그 빵을 나르면서 여러 생각을 했다.

물론 어린아이다운 철없는 생각으로 그 빵이 너무 먹고 싶어서 어머니가 정성껏 싸주신 도시락과 바꿔 먹기도 했지만 세상에 대해 나름대로 고민하기 시작했다. 세상에는 왜 가난한 사람과 부자가 있는가. 누구나 잘 살면 좋으련만, 처절한 가난에 고통 받는 사람들이 왜 이다지도 많은 것인가. 다 기울어가는 판잣집 단칸방에서 끼니를 굶는 친구도 있었다. 왜 그 친구에게 그런 가난이 주어졌을까. 도대체 그 가난을 누가 해결해 줄 수 있을까?

나는 가난한 사람을 위해, 힘없는 사람을 위해 일하겠다고 다짐했다. 이런 다짐은 내가 성장하는 시기 내내 내 삶의 중요한 화두였으며 지금도 나에게는 가장 중요한 정신적 가치다. 정직하게 남을 도우며 타인의 인생에 도움이 되는 사람으로 살고자 하는 마음이 이제껏 나를 이끌어온 힘이다.

중학교 때의 기억도 있다. 나보다 더 어렵게 지낸 친구가 있었는데, 이 친구는 한 번도 나를 자기 집으로 데려가는 일이 없었다. 아마도 보여줄 게 아무것도 없었기 때문일 수도 있고 아니면 집안 사는 모습이 창피해서였을 수도 있을 것이다. 그의 형제 중엔 장애인도 있었다. 나중에 그 친구 어머니 장례식에 가보니 쌀이 없어 수제비로 지내고 있던 것을 보고는 놀랐던 기억도 남아있다. 그 친구는 지금 대기업 임원으로 잘 살고 있지만 내 가슴에는 어려운 삶을 살고 있는 사람들에 대한 애잔한 감정이 아직 남아 있다.

무지개 프로젝트는 소외계층을 대상으로 소통과 나눔을 통해 지역공동체를 형성하는 인간에 대한 배려의 정책이라고 할 수 있다. 나는 취약계층은 그 숫자의 많고 적음에 관계없이 그들의 삶을 존귀하게 보아주고 또 그들의 삶의 질을 향상시킬 수 있는 정책 추구야말로 참다운 행정가가 해야 할 일이라고 생각한다.

이러한 복지행정은 사실 머리로 하는 것이 아니라 따뜻한 온기를 느낄 수 있게 가슴으로 해야 한다는 것을 공직생활을 하면서 더욱 절실히 느끼기도 했다. 중증장애인 시설에서 밤을 지새우며 대화를 나누면서 그들의 삶을 이해하고 무엇을 도울 수 있는지 고민해보기도 했다. 서구청장 시절에는 장애인 체육시설과 건강체력단련관을 설립하려다 반대를 외치는 시위대에 의해 차에 갇히기도 했다.

아직도 우리 사회는 집단 이기주의 현상으로 인해 장애인과 같은 소수 집단들이 종종 어려움을 겪는 것을 본다. 장애인과 그들의 가족이 처한 고통을 조금이라도 이해한다면 장애인 시설에 대한 기피의식은 우리 사회의 통합을 깨는 일이이라는 사실을 느낄 수 있을 것이다. 나아가 우리 모두 후천적 사고의 가능성을 가지고 있는 한 예비 장애인일 수 있다는 생각을 한다면 문제는 달라질 것이다. 이렇게 소수 집단들의 문제를 사회가 외면하면 언젠가는 그 부담이 사회 전체로 돌아오게 될 것이며, 이러한 문제를 사전에 막는 것이 행정가로서 꼭 해야할 일이라고 생각한다.

입장 바꿔놓고 생각하기

나는 행정공무원으로서 30년을 살아왔다. 행정은 공급자 중심이 아닌 수요자 즉 시민입장에서 펼쳐져야 한다는 것이 내 신념이다. 행정의 원리나 철학은 사람 사귀는 것과 똑같다. 내가 진정성을 가지고 대하면 마음의 문이 열린다. 빈곤층은 누군가의 도움으로 돌봐주지 않으면 빈곤의 악순환이 이어지고 사회적 소외 현상이 발생한다. 장애인이나 독거노인 등 특수계층의 사람들에게는 '입장 바꿔놓고 생각하기'라는 진정성을 내포하고 있어야 한다.

공무원으로서 어려운 사람에 대한 관심은 지극히 당연하지만 문제를 어떤 시각으로 보고 해답을 찾을지 궁리를 해야 한다. 소외계층으로 29.7m²(9평) 임대아파트 공간에 사는 사람들을 공무원으로서 일상적인 업무의 대상으로 처리한다면 감동이 담긴 행정을 할 수 없다. 우리 시의 도시공사가 소유한 임대아파트에서도 이런 일이 있었다. 임대아파트의 상가에 입주자가 없어서 빈 공간으로 방치하고 있었다. 시가 소유한 아파트지만 입주자가 없다고 그냥 놀리는 것을 보고는 주민들의 입장에서 생각해 보았다. 빈 공간으로 방치하면 아무런 얻어지는 것이 없다. 나아가 빈 공간으로 인해 그 주변상가마저도 점차 시들어간다. 그렇다면 차라리 빈 상가를 수리해서 그 아파트단지의 공동사업 공간으로 무상제공하도록 하는 것이 좋겠다는 의견을 제시했다. 이렇게 해서 상가도 활기차게 되고 주민들의 공동사업 공간도 생기게 되었다. 다 주민의 입장에서 생각할 때 나타나는 결과라고 생각한다.

　무지개 프로젝트 중에 무지개 튜터(tutor) 활동이 있다. 평소 학원에 갈 형편이 안되는 학생들에게 공무원이나 대학생들이 가정교사 역할을 한다. 처음에는 시와 구청 공무원 중심으로 시작된 튜터 활동은 점차 확대되어 현재는 일반인과 특허청, 주택공사 직원 등이 참여하고 있다. 튜터로 나가는 직원들에게 나는 이런 말을 한다.

　"지금은 당신이 그 학생의 튜터이지만 어쩌면 그 학생과 가족이 오히려 당신의 튜터가 될 것입니다."

　이 말의 의미를 처음에는 이해하지 못하지만 시간이 지나면서 공감하게 된다고 말한다. 도움을 받는 사람도 행복하지만 도와주는 사람은 더 큰 행복을 느끼게 된다. 세상에는 감사해야 할 일이 많다. 무엇인가를 상실했을 때 뼈저린 아픔을 느낀다면 그 무엇이 바로 감사해야 할 대상이다. 이렇게 공무원 튜터들에게는 훗날 공무원 생활 중 가장 보람되는 일로 남을 것이다. 누구에게나 가슴에는 따뜻한 마음이 있다. 사람은 문제의 본질을 읽을 줄 알아야 한다.

　공무원은 자기 직업에 대해 감사해야 한다. 내게 생활을 할 수 있는 직장이기 때문에 감사해야 할 것이다. 그러나 시민의 입장에서 일을 하는 공무원들은 이웃을 위한 삶을 사는 것으로 인해 자기 직업에 진정한 감사를 느낄 것이다. 시민들의 입장에서 시민들의 문제를 해결해주기 위해서 일하는 것 그것이 공무원의 일이며, 이 일을 하면서 감사함을 느낀다면 그가 진정한 공무원이다. 공무원으로서의 진정한 열정을 발견한 공무원이다. 열정을 가진 공무원은 시민들을 따뜻하게 해주는 연탄불 같은 존재가 되는 것이다. 그래서 나는 안도현 시인의 「너에게 묻는다」를 암송해보곤 한다.

연탄재, 함부로 발로 차지 마라
너는
누구에게 한번이라도 따뜻한 사람이었느냐?

우리 모두의 천국을 만들자

젊은 시절 나를 감동시켰던 책 중에 소설가 이청준의 『당신들의 천국』이 있다. 이 작품은 행정을 하는 공무원들이 한 번쯤 읽어보아야 할 책이라고 생각한다.

소록도에 부임한 원장이 섬을 나병 환자들의 낙원으로 만들려고 한다. 그러나 주민들로부터는 냉랭한 반응이 돌아온다. 원장의 낙원과 소록도 사람들이 꿈꾸는 낙원은 서로 다르기 때문이다.

소록도 주민은 인간 소외 혹은 피지배의 양상을 제시하는 공간이며 현역 군인 원장은 지배의 성격을 보여준다. 지배와 피지배의 구조를 압축해서 보여주는 공간이 소록도다. 좋은 뜻에서 출발한 행위라고 해도, 구성원의 자유 의지를 무시한 채 권력자의 뜻을 강요한다면 지배자만을 위한 일과 다르지 않음을 이 작품은 보여준다. 모두의 천국이 아닌 '당신들의 천국'이 되어버리는 것이다. 이 작품은 발표 당시의 사회를 비판하면서 동시에 시대를 초월한 인간과 사회에 대한 성찰을 담고 있다.

이 작품은 행정가가 된 이후로 더욱 절실하게 와 닿는다. 행정하는 사람들이 잘 한다고 나름대로 열심히 하지만 그 결과는 '당신들의 천국'이 되고 말 수도 있다. 결국 천국이란 거기서 살아갈 사람들에게 천국이어야 하고, 그것은 자유와 사랑에 기초한 자존의 땅이어야 한다. 이 책을 읽으며 행정을 위한 행정을 펼치고서는 수혜자에게 무언가 베풀었다고 자족한 것은 아닌지 스스로를 경계하게 되었다. 행정을 위한 행정이 아니라 시민을 위한 행정을 펼치자고 마음에 늘 새긴다.

때로 세상은, 아직 우리가 받아들일 준비가 되어 있지 않은데도, 우리에게 무엇인가를 주려고 합니다.

이 책에 나오는 구절이다. 우리가 누군가에게 도움을 주는 것이 언제나 가능한 것은 아니다. 정을 주어도 받아들이는 사람이 있고 받아들이지 못하는 사람이 있다. 정을 주려다 한번 거절당하면 더 이상 정을 주지 않으려고 한다. 누군가에 진정한 도움이 필요할 때조차 거절당했던 경험 때문에 도움의 손길을 내밀지 못하고, 누군가에게 무엇이 될 수 있음에도 아무것도 하지 않고 망설이게 된다. 그런 아픈 경험과 기억이 있다 해도 그것을 뛰어넘고 누군가를 위해서 또 다시 손을 내밀어 본다.

사람은 많은 탑을 쌓지만 외롭다. 이웃이 없기 때문에 이웃이 없는 것이 아니라 내가 이웃을 만들지 않기 때문에 이웃이 없는 것이다. 세상은 내가 마음을 여는 만큼 열린다. 내 인식의 폭만큼 세상이 보인다.

눈이 좋은 사람은 멀리 보고, 눈이 나쁜 사람은 제 발끝도 못 본다. 마음을 넓게 가지면 세상도 넓어지고 마음을 좁게 가지면 세상이 각박해진다. 주변의 좋은 이웃과 친구들을 많이 찾아낼 수 있는 그런 눈과 마음을 갖고 싶다.

나를 감동시킨 또 다른 책 중에 『우체부 프레드』가 있다. 실화를 바탕으로 한 것인데 남들은 성공비결을 담은 책이라고 하지만 나는 굳이 성공 어쩌고 하는 것보다 제대로 사는 기쁨과 보람을 알려주는 책이라고 말하고 싶다. 단순하고 지루하게 보이는 우편배달을 남다른 기쁨과 사명감으로 하는 프레드로 인해 주변 사람들의 삶이 변화된다. 남의 삶을 변화시킨다는 것은 얼마나 놀랍고 아름다운가.

무지개 프로젝트는 수혜자 중심의 정책이 되어야 하고 시민들의 삶을 변화시킬 수 있다는 인본주의 신념에서 출발했다. 가난하고 어려운 사람들에게 자존심을 다치게 하지 않고 환경의 변화를 통해 자활의지를 키우고 이웃과의 어울림 속에 공동체를 복원시키는 사업이 바로 무지개 프로젝트다.

서민과 실용의 희망기획

서민과의 나눔과 소통

무지개의 상징적 의미는 민족에 따라 조금씩 차이를 보인다. 우리나라에서는 '다리'라는 상징성을 지니며 희망의 메시지로도 통한다. 나폴레옹이 소년시절 무지개를 잡으려고 뛰어다녔다는 이야기는 우리를 설레게 한다. 영국의 계관시인 윌리암 워즈워드도 유명한 시 「무지개」를 통해 인간의 꿈과 소망을 노래했다.

성경에서 무지개는 신의 약속으로 풀이된다. 대홍수 이후 신은 인간에게 다시는 물로 심판하지 않겠다는 약속을 하셨다고 한다. 그 증표로 일곱 빛깔 무지개를 선사하셨다. 무지개는 신의 사랑이며 미래에 대한 소망의 상징이다. 우리는 살아가면서 고통과 고난의 비를 맞기도 한다. 봄비를 맞기도 하지만 폭우를 만나 목숨을 잃기도 한다. 그러나 비가 그치면 무지개가 뜬다.

비온 후에 희망의 상징으로 떠오르는 무지개처럼 무지개 프로젝트는 낙후지역을 선택해 그곳에 사는 사람들의 일상생활과 연관된 여러 분야에 관심을 갖고 구체적인 변화를 만들어내는 사업이다. 하늘에 뜬 일곱 색깔의 띠가 오묘하게 어우러지는 무지개처럼 무지개 프로젝트는 지방정부가 가지고 있는 여러 정책영역을 모아서 한곳에 집중하는 정책이다.

무지개 프로젝트는 서민을 지원하여 실제적인 변화를 가져오는 서민과 실용을 키워드로 하는 희망기획이다. 우리사회에서 서민이라 하면 상류층과 대비되는 계층으로 정치적 경제적 약자들을 지칭하는 말일 것이다. 실용이라 하면 말로 하는 것이 아니라 피부로 와닿는 결과를 가져오는 어떤 것을 얘기하는 것으로 이해한다.

중국 춘추전국시대의 유교 사상서라고 할 수 있는 『맹자』는 소통과 나눔의 경전이라 한다. 여기에 이런 얘기가 있다. 어느 날 제나라 선왕이 맹자에게 가르침을 구했다. 맹자는 "늙어서 아내가 없는 것을 환鰥이라 하고, 늙어서 남편이 없는 것을 과寡라 하며, 늙어서 자녀가 없는 것을 독獨이라 하고, 어려서 부모를 잃은 것을 고孤라 합니다. 이 네 부류의 사람들은 천하에서 가장 어렵고 의지할 곳이 없는 사람입니다. 문왕이 정치를 할 때도 이 네 부류의 사람들을 우선적으로 생각하셨습니다"라고 말했다.

맹자가 말했던 네 부류의 사람들은 오늘날 그 범위가 확장되어 능력이 없어 혼자 생활하지 못하거나 돌봐줄 사람이 없는 취약계층들이며 이들이 바로 서민이라 할 수 있을 것이다. 나는 달동네 주민들과 이야기를 하는 과정에서 "여기를 떠나면 우리는 죽을 수밖에 없다"는 말을 종종 들었다. 돈도 없고 갈 곳도 없는 빈곤층 주민들을 밖으로 내모는 일부 뉴타운식 재개발은 갈등과 불신의 씨앗을 잉태하는 것이나 다름없었다.

빈곤 가족은 기본생활을 해 나가는 데 필요한 자원이나 능력을 갖추지 못하고 있다. 이로 인해 경제적 사회적으로 불리를 경험하게 되고 심리적 정신적으로 갈등과 억압상태가 계속된다. 대체로 빈곤층은 복합적인 문제를 안고 살아간다. 이러한 서민들에 대해 구체적인 해결책을 만들어 주는 것은 쉬운 일이 아니다. 하지만 맹자가 이런 계층에 대해 '측은지심'으로서 소통의 이론과 나눔이라는 실천적 방법론을 제시했던 것처럼, 무지개 프로젝트는 취약계층 주민들에게 소통과 나눔을 통해 지역공동체를 회복하고자 하는 인본주의 복지행정의 철학이 담겨 있다.

무지개 프로젝트는 단순한 빈민구제 사업이 아니다. 빈곤은 취업기회의 제한과 불안정한 취업, 저소득층 자녀의 교육기회 제한 등으로 인해 대물림되기 쉽다. 공공부조나 사회보장 정책이 빈곤층의 다양한 복지수요를 충족하기는 어렵다. 전세계적인 경제위기 이후의 빈곤문제는 여성가장과 1인 가구의 발생율을 증가시키고 소년소녀가장과 같이 저연령층 혹은 65세 이상의 고령층으로 구성된 가구를 양산하기도 한다. 이런 복합적인 상황에서 미래를 위한 희망을 만들어내는 것은 빈곤층 지역에 대한 대책을 마련하는 데 담당 공무원 몇 명이 기획을 한다고 해서 될 일이 아니다. 시의 모든 간부를 현장으로 불러 복지, 교통, 환경, 도시계획, 주택, 체육, 교육, 산업 등 각 분야별로 대책을 세우라고 지시를 내렸다. 그 결과 다양한 사업 아이디어가 나왔다. 이렇게 무지개 프로젝트는 지역발전에 있어서 확장되고 성장하는 시기를 넘어서 안정과 정체기에 들어선 지역에서 사용될 수 있는 지역발전의 여러 전략 전술 중의 하나라고 할 수 있다.

동구 판암동에서 시작한 1단계 사업과 서구 월평2동과 법동에서 시작된 2단계 무지개 프로젝트는 거의 완료 단계에 와 있다. 2009년부터 시작된 3단계 프로젝트는 이미 첫 삽을 뜨고 주민들이 땀을 흘리고 있다. 무지개 마을은 점점 변해가고 가시적인 성과들이 나타나고 있다. 전국에 유례가 없었던 이 사업은 처음 시행할 때 공무원은 물론 주민들 그리고 언론 모두 낯설어했던 것을 기억한다. 지금도 무지개 프로젝트에 직접 참여했던 공무원이나 전문가 그리고 이 사업의 혜택을 누리고 있는 주민들 외에는 이 사업을 잘 모르는 것 같다. 하지만 이들에게서 나타난 변화의 모습을 직접 목격한 나에게는 무지개 프로젝트가 새로운 정책의 표본이 될 수 있음을 확신하고 있다.

장애는 또 다른 능력의 시작

2007년 3월 어느 날, 신문을 보다가 대전에 사는 장애인 부부 기사가 눈길을 끌었다. 〈천사표 장애인 부부 김성덕 김성자씨, 부족한 반쪽 채워가며 이웃들과 사랑 나눠요〉라는 제목의 기사를 다 읽고 가슴이 뭉클했다.

정신지체와 지체장애 1급의 장애인 부부가 서로의 부족한 부분을 채워주며 소외된 이웃에게 희망을 전달하는 '사랑 전도사'의 삶을 살아가고 있다는 것이다. 이들은 대전 법동의 김성덕, 김성자 씨 부부였다. 김성자 씨는 외모를 자랑하던 모델로서 미국유학을 꿈꾸었으나 불의의 교통사고로 가슴 아래가 마비되어 휠체어에 의지하는 신세가 됐다.

그러나 이런 처지에 낙담하지 않고 장애인 상담사가 되기 위해 신학대학을 졸업했다. 이들이 마침 무지개 프로젝트 2단계 지역인 한마음 아파트에서 살고 있었다. 나는 전화를 걸어 김성자 씨와 통화를 한 후 집을 한번 방문하고 싶다고 했다. 김성자 씨는 "집이 너무 누추한데 오지 마세요"라는 것이다. 잘 사는 집이라면 굳이 방문할 필요가 없었을 것이다.

나는 곧장 김성자 씨 부부를 방문했다. 김성자 씨는 무척 쾌활한 성격이었다. 부인은 남편과 함께 전국을 돌며 일반인과 장애인을 상대로 '죽을 수도 살 수도 없는 절망, 그 언덕을 날아서'란 제목으로 특강을 하고 있었다. 또 대전지역 재활병동을 매주 찾아 실의에 빠진 환자들에게 용기를 주는 일도 빼놓지 않았다. 한 마디로 천사 같은 여자였다.

만나고 나서 내가 일어서려고 하자 김성자 씨가 한 마디 했다.

"시장님, 그냥 가시면 어떻해요. 글이라도 하나 써 주세요."

나는 그녀가 내미는 노트에 '장애는 또 다른 능력의 시작입니다'라고 썼다. 김성자 씨가 좋아라 박수를 쳤다. 그후로 나는 법동에 갈 일이 있으면 김성자 씨 집에 종종 들러 많은 이야기를 나눈다. 위로 전화도 자주 하는 편이다. 이분들과 만나면 어쩌면 내가 위로를 받는다는 생각을 갖게 된다. 김성자 씨에게서 '시장님은 나의 특별한 매니저입니다'라는 문자 메시지를 받은 적도 있다. 그녀를 만나고 돌아갈 때마다 내 가슴이 항상 뿌듯한 느낌이 든다.

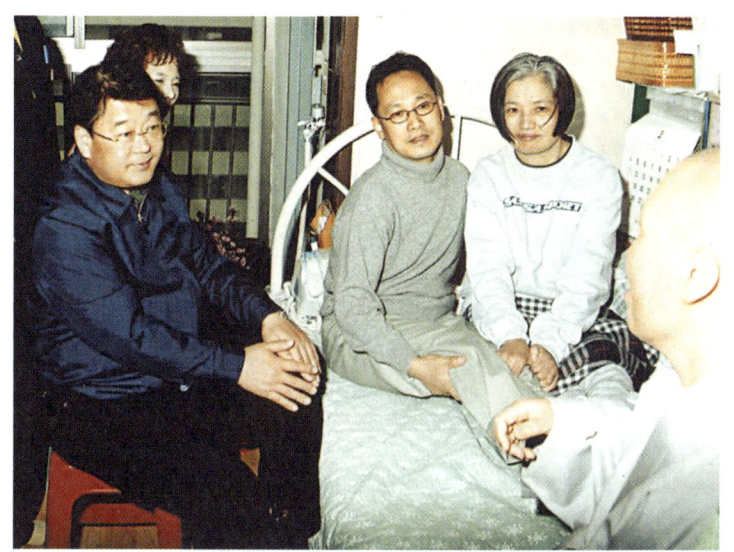

김성자 씨 부부를 방문한 저자

　김성자 씨에게는 든든한 후원자가 있다. 여고 동기생인 송병월 씨다. 송병월 씨는 친구인 김성자 씨를 물심양면으로 도와준다. 송병월 씨 남편은 골다공증이 있는 김성자 씨를 위해 종종 소뼈나 고기 등을 실어 나른다. 한 사람은 어려운 처지에 있는 친구를 도와주고, 또 한 사람은 그 은혜에 감사할 줄

장애는
또다른
능력의 시작입니다.

2007. 3. 31
대전광역시장
박 성 호

김성자 씨 부부와 친구인 송병월 씨. 두 사람의 우정이 무척 아름답다

아는 따뜻한 마음씨를 가졌다. 두 사람의 우정이 정말 아름답게
보인다.

　이런 송병월 씨를 알게 된 것은 내가 김성자 씨를 처음 방문
했을 때 복지관의 무료급식 식당에서 였다. 그때 송병월 씨는
부녀회장으로서 회원들과 함께 자원봉사를 하고 있었다. 취사
장은 열악한 환경이었다. 내가 식당에 앉아 '나도 밥 좀 줘요'
했더니 모두들 놀라는 눈치였다. 시장이 이런 곳에서 식사를 할
줄 몰랐다는 것이다.

　이야기를 나누어 보니 송병월 씨를 비롯한 부녀회원들은 복

지관 직원들이 쉬는 토요일마다 봉사를 한다고 했다. 내가 송병월 씨에게 "이왕 하는 김에 일요일도 하면 어때요"라고 하자 기꺼이 받아주었다. 무지개 프로젝트를 시행하면서 이곳 무료급식을 위한 취사장을 개선시켜 주었다. 그런 것이 공무원이 할 일이다.

이런 인연으로 송병월 씨는 무지개 프로젝트 홍보 전도사를 자임하고 있다. 주변 중산층 아파트에 사는 송 씨는 무지개 사업으로 인해 한마음 아파트 주민들의 성격이 밝아지고 이웃 간의 소통이 잘 이루어지고 있다고 한다. 이곳에도 사람 사는 냄새가 나고 희망의 무지개가 떴다는 것이다.

김성자 씨와 송병월 씨 이 두 사람과 같은 사람들이 나에게 마음 든든한 이웃이자, 사랑하고 존경하는 대전 시민이다.

노인이 행복하게 사는 도시 대전

내 이름이 박성효다. 이름 끝 자에 '효孝'자를 넣은 것은 부모님께서 아마 효도를 잘 하면서 살라는 뜻으로 지어주신 것 같다. 아놀드 토인비도 한국이 장차 인류 문명에 크게 기여할 것이 있다면 그것은 부모를 공경하는 효 사상일 것이라고 했다. 효는 우리나라를 지탱하는 근본적 가치관이 아닌가.

사랑을 아무나 할 수 없듯 노인은 아무나 되는 게 아니다. 건강 등 자기관리 능력이 있어야 하고, 마음을 컨트롤할 수 있어야 노인이 된다. 그만큼 열심히 사신 분이 노인이 되는 것이다. 지금 우리가 영위하고 있는 많은 것들은 지금 노인이 되신 분들이 이룩한 보람이다. 그런 마음가짐으로 나는 노인들의 복지문제를 접근하고 있다.

70세가 안 된 분이 경로당에 가면 애들이 웬 경로당이냐며 핀잔을 듣는 게 요즘 추세다. 그만큼 노인인구가 많다는 뜻이다. 앞으로는 더욱 늘어날 것이다. 노인이 우리 사회의 주류가 되는 것이다. 노인이 편하고 행복하게 사는 나라가 선진국이다. 대전은 노인복지 선진도시로 나아가고 있다고 자부한다.

대전의 노인인구는 11만 9천여 명이다. 대전시 인구가 149만 3천여 명이니 노인인구가 8%에 육박한다. 이미 고령화 사회에 진입한 것이다. 2022년이면 전체 인구의 14.7%, 2028년이면 20%를 돌파해 초고령 사회가 될 것이다. 이렇게 노인인구가 증가하고 있고 노인복지에 대한 수요가 증가하고 있다.

이에 따라 대전시는 노인정책을 전담하는 노인복지과를 처음으로 신설했다. 노인복지 전담조직을 신설한 도시는 대전과 광주뿐이다. 시장에 취임한 후 예산은 매년 47%씩 증가했다. 전체 예산의 6.1%가 노인복지 예산이다. 이는 전국 특별 및 광역시 중 가장 높은 비율이다.

앞으로는 신新빈곤층을 비롯해 생활이 어려운 노인이 증가할 것으로 예상된다. 신新고려장으로 불리는 노인유기 사례도 우려된다. 그래서 2009년을 '노인복지 증진 도약의 해'로 정했다. 노인문제를 체계적·능동적으로 대응하겠다는 의지의 표현이다.

노인문제에서 특별히 관심을 가진 것은 독거노인의 문제였다. 노년기에 발생할 수 있는 신체적, 정서적, 경제적 문제 등을 혼자 해결해야 하기 때문에 가족과 동거하는 노인과는 그 양상이 다르다. 무지개 프로젝트 사업에서 다기능 노인복지관 건립이나 경로당 신축 등은 비교적 많은 예산이 들어가지만 진정한 목표는 노인들의 삶에 활력을 불어넣는 것이다.

대전의 독거노인 수가 1만 5천여 명이다. 저소득층 일자리 창출과 연계해 90여 명의 독거노인생활관리사를 독거노인 세대에 파견하고 있다. 거동이 불편한 어르신의 활동을 지원하는 노인 돌보미 바우처 60여 명이 200명의 노인을 돌본다. 그동안 무료급식은 평일에만 제공됐으나 이제는 휴일까지 연장해 하루라도 배를 곯는 노인이 없어졌다.

경제가 어려울수록 취약계층은 더 어려움을 겪는다. 대전시에서는 경제회복을 위한 일자리 창출과 노인복지를 결합한 '헬스키퍼'(Health Keeper)라는 사업을 벌이고 있다. 시각장애인을 안

마사로 채용해 노인들에게 안마서비스를 제공하는 사업이다. 우선 30명을 채용했다. 그후 100명까지 확대했다. 이들은 안마사협회에 소속된 장애인들로 안마사 자격증을 전원 소지하고 있다. 지금까지 1천 명이 넘는 노인들이 이 서비스를 받았다고 한다. 시각장애인도 도와드리고 노인들에게도 혜택을 드리는 일석이조의 원원의 사업이다.

치매관리 대책도 확대하고 있다. 대전에는 치매노인이 1만여 명으로 추정된다. 전체 노인의 8%가 넘는다. 지난해까지는 2개 구區에 한해 치매 조기검진사업을 시행했는데 올해에는 5개 구 전체로 확대했다. 치매상담센터를 통해 치매노인 등록 · 관리, 치매예방 교육을 추진한다. 자치구별로 설립한 노인학대 보호시설을 통해 노인학대 신고와 조사, 예방교육도 열심히 하고 있다. 현재 대전에 경로당이 730여 곳이 있다. 올해 20곳을 신축 및 증설하고, 50곳을 리모델링할 계획이다. 중구 대흥동에는 시 노인복지관 부속건물을 지을 예정이다.

제2시립노인전문병원을 동구 하소동에 짓고 있다. 올 10월이면 완공될 것이다. 오는 8월까지 노인 보건의료센터를 충남대학교 병원 안에 건립한다. 50병상 규모다. 노인시설도 충분히 확보하고 있다. 수요 대비 생활시설이 105%, 재가시설이 141%에 달한다. 올해에도 노인요양시설 3곳, 소규모 요양시설 4곳,

재가지원센터 2곳 등을 확충하고 6곳에 대해서는 장비를 대대적으로 보강할 생각이다. 이들 사업이 끝나면 생활시설은 112%, 재가시설은 184%의 수용 능력을 갖추게 된다.

　장묘문화도 선진국형으로 나아가고 있다. 지난해 대전의 화장률은 58.3%였다. 현재 7기 규모인 화장장을 리모델링을 통해 10기 규모로 확장하고, 현 공설묘지 안에 자연장지를 시범 조성할 예정이다.

특수계층에 대한 배려

저소득층이 많이 몰려 사는 취약지역에는 기초생활수급자를 비롯 특수계층이 많이 산다. 복지사회 선진화를 가늠할 수 있는 척도는 이들 계층에 대한 배려의 수준에서 파악할 수 있다.

장애인의 경우 경제적 어려움, 사회적 편견과 차별, 신체적 장애로 인한 불편함 등 다중의 고통을 겪고 있다. 유엔은 대략 각국 인구의 10% 정도를 장애인으로 추산한다. 보건복지가족부는 우리나라 전체 장애인을 인구의 4.5%(216만 명)로 본다. 이 중 59만여 명이 2006년 기준 월 소득이 최저생계비에 못 미치는 '절대 빈곤' 장애인이다.

전체 장애인의 28%가 생계를 꾸리기조차 힘겨운 처지에 놓여 있다. 비장애인의 절대빈곤율(7.3%)보다 4배가량 높다. 한국보건사회연구원의 장애인실태조사에 따르면 장애인 가구의 월 평균 소득은 도시근로자 가구소득의 52%에 불과하다.

장애인들은 대부분 취약지역에 몰려 있다. 그러나 대전의 장애인복지수준은 특별 및 광역시 중에선 최고 수준인 것으로 나타났다. 한국장애인단체총연맹이 전국 16개 시·도 장애인복지수준 실태를 조사한 결과 대전은 2007년부터 3년 연속 특별 및 광역시에서 1위를 차지했다. 주요 영역별 평가에서 대전은 보건복지서비스 3위, 복지행정 및 예산영역 4위 등 전반적으로 상위권에 포함됐다.

무지개 프로젝트에서는 장애인의 자활능력을 배양하기 위해 공동작업장을 설치하고 일거리 사업을 펼치고 있다. 장애인들이 사는 지역의 정주환경 개선은 심리 정서 사회적 관계를 제고시킬 것이다.

판암2동 동신중학교 부근에 세워질 장애인 재활센터는 한때 지역주민들의 이기주의적 발상에 의해 무산될 처지에 놓이기도 했다. 그러나 좋은 마을을 가꾸기 위해서는 입장 바꿔놓고 생각을 해봐야 한다. 이를 위해 담당 공무원이 수차례 설득작업에 나서 건립을 하기로 의견을 모았다. 장애인 주간보호센터는 장애인 가족의 고충을 덜어주는 서비스다. 장애아로 인해 활동의 제약을 받는 부모들에게 따뜻한 손길을 내미는 것이다.

대전시가 '2009 대전 장애인 채용 박람회'(6월 4일)를 개최한 것도 능력이 있어도 직장을 구하지 못하는 장애인들에게 구직 정보를 제공하고 사업주에게는 장애인 근로자 채용 기회를 제공하기 위한 것이다. 이것은 장애인에 대한 인식개선에도 도움이 될 것이다.

북한에서 이탈한 새터민은 한국이라는 이질적인 사회 문화적 환경에 적응하기 위해 많은 어려움을 겪는다. 새터민은 남한에 들어오면 국정원을 거쳐 하나원에서 적응 교육을 받는다. 그후 전국 각지로 거주지가 배정되는데 임대아파트 보증금과 초기 정착지원금을 조금 받지만 경제적 자립이 쉽지 않다.

그나마 취업한 경우에도 보수가 낮은 단순 일용직에 집중되어 있고 평균 재직기간도 5개월 미만으로 나타나 새터민들의 지역사회 정착의 어려움을 보여준다. 무지개 프로젝트는 이들에게 공동체의 구성원으로 참여시켜 정착을 돕고 자활사업에 참여하게 하고 있다.

금융소외자들을 위한 무지개론

2006년 노벨 평화상은 '빈자貧者의 아버지'라 불리는 방글라데시의 경제학자 무하마드 유누스에게 돌아갔다. 그는 치타공대학 졸업 후, 풀브라이트 장학금을 받고 미국 반더빌트 대학에서 경제학 박사학위를 받았다. 모국으로 돌아온 무하마드 유누스 교수는 빈민 여성 42명이 불과 27달러 때문에 빈곤의 고리를 끊지 못하는 것을 발견하고 자신의 용돈을 빌려준 후 1983년 방글라데시 언어로 '마을'이라는 뜻의 그라민 은행을 설립한다.

이 은행을 통해 시행된 '무담보 소액대출 제도'는 7백만 명이 넘는 방글라데시인들의 운명을 바꾸었다고 한다. 이 은행은 설립 당시 52억 원의 작은 자산으로 출발했지만 이제는 4천 800억

원 규모의 대기업이 됐고 65억 달러가 넘는 돈을 대출해줄 만큼 성장했다. 대출금 상환율도 100%에 가까울 정도로 좋은 결실을 맺었다. 인간적인 교감만으로 거래를 했는데도 파산한 사람은 하나도 없었다.

소액대출을 통해 가난을 탈출한 사람들의 돈이 다시 가난한 사람들을 돕는 돈으로 이어진 것이다. 무담보 소액대출제도가 빈곤타파를 위한 효과적인 정책임이 입증됐다. 현재 이 제도는 전 세계 110여 개국에 도입되어 수백만에 달하는 사람들이 인간으로서의 존엄성을 회복하는데 사용되고 있다. 유누스 교수는 막사이사이상과 세계식량상을 수상하기도 했다.

이런 마이크로크레디트는 가난한 사람들의 의지만 믿고 종자돈을 빌려줘 스스로 살아나갈 수 있게끔 도와주는 구호운동이다. 자립 의지가 있지만 돈이 없는 사람들에게 물고기를 주는 것이 아니라 물고기 잡는 법을 가르쳐주는 자활 능력 배양운동이기도 하다. 유누스의 저서 『가난한 사람들을 위한 은행가』에 나오는 한 구절이다.

"가난한 사람들에게 베푸는 자비심은 그들에게 아무런 도움도 되지 못한다. 오히려 어려움을 딛고 일어서려는 의지를 약화시킬 따름이다. 우리가 실상 가난한 사람들에게 알량한 자비심을 베푸는 것은 우리의 의식을 편안케 하고자 하는 이기심의 발로이다. 진정한 해결책은 우리 모두가 가난한 사람들에게도 우리가 누리는 똑같은 기회를 제공해 주고, 우리 스스로 이들과 똑같은 무기를 들고 세상과 싸울 기회가 되어 있어야 한다는 점이다.

지구촌에서 진행되고 있는 세계화는 빈부격차를 심화시키고 있다. 우리나라도 예외는 아니다. 빈부의 골은 갈수록 깊어지고 있고 양극화 현상도 심화하고 있다. 경기침체로 인한 갑작스러운 실직이나 파산으로 빚에 시달리는 사람들이 많아졌다. 이들이 신용불량자가 돼 빈곤층으로 전락하면 사회적 불안은 더 커진다.

무담보 소액대출이 전국에서 처음으로 대전시에서 본격 막이 올랐다. 시가 신용회복 중에 있지만 금융권으로부터 대출을 받지 못하는 서민들을 위해 긴급 생계자금을 저리로 대출해 주는 무지개론(loan)이 시작된 것이다. 금융감독위원회로부터 '서민경제 감독 대상'을 수상한 계기가 된 무지개론은 신용회복 대상자들에게 병원비, 장례비, 결혼자금, 생활안정자금, 학자금, 임차보증금 등을 저리로 대출해 주는 금융사업이다.

그동안의 무지개론 성과를 보면 수백여 명에게 혜택이 돌아갔으며 대출 원인별로는 생활안정자금이 가장 많았다. 무지개

론에 대한 전국적인 벤치마킹도 점차 확산되고 있다. 부산이 지난 1차 추경으로 10억 원의 예산을 확보해 시행을 앞두고 있으며, 서울을 비롯한 20곳 이상의 광역·기초단체들도 경기회복 추이를 지켜보면서 2차 추경 및 내년도 관련 예산을 확보할 예정이다.

신청자 중 다수가 소득증빙 미비로 필요자금 대출에 어려움을 호소했다. 시는 본인의 소득진술서만으로 증빙하는 등 절차와 서류 간소화로 적기 지원 방안을 마련해 놓았다.

유통업체에 근무하다 외환위기 때 실직으로 금융채무 불이행자가 된 중구 문창동의 정 모 씨는 3개 금융기관의 총채무액을 변제받고 4년 동안 성실히 갚아왔다. 정 씨는 집주인이 보증금을 올려달라고 해 전전긍긍 하던 차에 무지개론을 이용했다고 한다.

또 설 모 씨는 식품판매 사업을 운영하다가 매출 부진으로 인해 사업자금 및 생활비를 대출금 및 신용카드 등으로 충당하다 감당하기 어려워 금융채무 불이행자로 등록됐다. 치아 관리 소홀로 인해 일상생활에 많은 불편을 겪었으나 고액의 치과 치료비 때문에 병원에 갈 엄두를 못냈다. 결국 설 씨는 무지개론 덕분에 희망을 갖게 됐다.

무지개론은 사금융 외에는 의존할 데가 없는 금융소외자들로부터 큰 호응을 얻고 있다. 시는 앞으로도 금융소외자들이 정상적인 경제활동을 할 수 있도록 고금리 부담 경감, 자활지원 등 종합적 지원시책을 추진할 계획이다.

무지개 프로젝트의 배경

또 어디로 가서 살아야 하나

달동네는 10만 원짜리 사글세 단칸방에서 기초생활수급자 지원 자금으로 겨우 사는 독거노인의 한스런 독백이 묻어나던 곳이다. 지체장애인 딸과 함께 하루하루 입에 풀칠하기 급급했던 어머니도 있었다. 남편을 잃고 홀로 살았던 할머니는 노인연금 8만 4천 원으로 한 달을 먹고 살아야 했다.

한겨울에도 연탄을 때지 못해 싸늘한 주검이 되어 발견된 노인의 이야기는 서글픈 우리 시대의 초상이었다. 제 몸조차 가누기 힘든 노인들이 어린 손주들을 거둬야 하는 '조손祖孫 가정'은 달동네 뒷골목의 우울한 그림자를 남겨 놓았다. 이러한 지역은 대개 과거에 농촌에서 도시로 이주한 사람들이거나 혹은 타지역 생활이 어려워 이주한 사람들이 자리 잡은 지역이다.

이 지역의 물리적 정주환경은 좁은 집과 비새는 단칸방, 불충분한 수도시설과 냄새 나는 하수도 등 빈곤의 상징들로 설명된다. 그러나 고용이 불안정하고 소득이 낮은 주민들은 주거비를 줄일 수 있어 생계유지에 도움이 됐다. 가난한 사람들끼리 모여 사는 데서 오는 정신적, 심리적 안정감을 얻을 수 있었다. 때로는 가난이란 그렇게 절망스런 것은 아니라 노력 여하에 따라 벗어날 수 있다는 자신감도 심어 주는 사례도 나타났다.

주민들은 비록 열악한 환경에도 불구하고 가난한 사람들이 '끼리끼리' 몰려 사는 편안한 동네로 인식했다. 주민들은 이곳에서 그들이 처한 사회 경제적 취약성을 극복하는데 도움이 되는 생활양식과 자조 체계를 발전시키기도 하였다. 이웃과 친족 중심으로 살아온 농촌적 생활방식이 유지돼 도시 내의 시골 동네를 연상하기도 한다.

한 지역사회의 특징은 주민 구성원이 갖는 사회적 관계의 성격에 따라 결정된다. 사회관계의 기초는 인근 지역 내에 주민들이 형성하는 이웃 관계에서 찾을 수 있다. 이웃은 단순한 지리적 근접성뿐 아니라 지역 내 동질의식을 바탕으로 상호 호혜의 관계에서 교류가 일어난다. 주민들 사이의 동질성은 가난으로 인해 정착한 빈민촌이라는 인식에서 출발한다. 주민들의 경제

수준이나 직업경험도 유사해 쉽게 공감대를 이룰 수 있다.

음식을 나눠먹기도 하고 싸움이 일어나면 조정을 하기도 한다. 일을 나갈 때는 연탄불 가는 것을 부탁할 수도 있고 며칠 집을 비울 때는 개밥을 부탁하기도 한다. 급한 돈을 빌릴 때도 이웃의 정으로 해결된다. 서로 일자리를 부탁하는 취업 정보가 오고가기도 한다.

2000년 베스트셀러가 됐던 이철환 씨의 『연탄길』은 달동네 사람들의 휴머니티를 다룬 책이다. 공동 화장실 앞에서 줄을 서서 본능과 싸워야 하는 산동네 사람들의 희망 이야기, 질병이나 장애가 있는 자식과 함께 고통을 나누는 가족의 이야기, 작은 것이라도 나눔으로써 기쁨을 얻는 친구 사이의 이야기 등에서 우리는 진한 감동을 느낀다.

도시의 어디를 가나 쾌적한 환경의 고층 아파트를 볼 수 있지만, 그 높이만큼 사람들의 삶이 풍요로워진 것은 아닐 것이다. 우리의 참된 삶과 그 가치는 문명의 발달에 반비례하는 방향으로 나아가고 있다. 죽은 지 일주일이 넘어 발견된 노인의 주검을 TV를 통해서 보다가 바로 자신의 옆집이라는 사실에 경악하기도 한다. 주차 문제로 서로 말다툼을 하다가 주먹다짐을 하는 것도 종종 볼 수 있는 일이다.

개발과 성장 위주의 행정을 펼치던 시대적 분위기는 낡고 오래된 불량 거주지역을 그대로 둘 리 만무했다. 주민들은 재개발 과정에서 힘없이 무너졌고 강제철거 앞에서 집 없고 돈 없는 설움을 절망으로 느껴야 했다. 주민들이 그 달동네를 쉽게 벗어날 수 없었던 것은 경제적 열악함에서 오는 자원의 한계가 큰 원인이겠지만 주민들의 일자리 형태상 이웃 관계에 기반을 둔 사회적 연결망과 그 의존도가 높은 것도 간과할 수 없다. 생계비가 비싼 도시 내에서 촌락적 형태를 이룬 주거지는 주민들에게 삶에 대한 안정감을 심어주었을 것이다. 이들의 주거문제가 시장 논리에 지배되면 빈민층의 재생산 역시 불가피할 것이다.

도시 재개발 사업의 현주소

도시 재개발 사업은 이익을 추구하는 집단이나 단체들의 이해관계가 얽혀있고, 재산권을 주장하는 주민들의 항의가 잇따르기 마련이다. 그 결과로 나타나는 철거민들은 빈곤의 악순환에서 벗어나지 못해 각종 사회적 문제를 야기시키고 있다.

이런 문제에 대해 근원적인 처방을 마련해야 될 필요성이 제기된다. 무지개 프로젝트는 주민들을 내보내지 않고 열악한 환경을 개선시켜 살기 좋은 동네를 만들어 희망을 가꾸는 사업이다.

2009년 1월 서울 용산구에서 철거민 참사가 발생해 6명의 목숨을 앗아갔다. '뉴타운 사업'으로 통하는 재개발 사업은 조합과 건설회사, 용역업체 간에 금품 비리가 복마전처럼 얽혀 있는 경우가 종종 있다. 뉴타운 사업은 구역별, 조합별로 추진되던 재개발 사업의 문제점을 극복한다는 명분으로 도입된 사업 방식이다.

도심 재개발은 명목상 주거환경 개선이라는 공공성을 내세우지만 조합과 시공사는 개발이익 극대화를 노려 분양가를 높이고 보상금을 최소화시키려 한다. 그리고 재정비 사업의 목적이 지역환경 개선이나 고급주택의 건설에 있는 한 세입자나 영세상인들은 늘 찬밥 신세가 되기 마련이다.

뉴타운 재개발은 서민들의 공익과는 거리가 멀 때가 많아서 대다수의 재개발 사업에서 최대 피해자는 단연 서민들이다. 재개발 사업은 건축비를 높여 뉴타운의 주민 재정착율이 저조한 수준에 머물게 하기 때문이다. 주거환경 개선을 이유로 동네를 새로 조성했지만 집값이 너무 비싸기 때문에, 대부분 원주민들이 살 수 없는 동네로 만들고, 철거민들은 그 동네를 떠나야만 한다.

결국 원주민들에 대한 배려는 위축되고 원주민을 내쫓는 사업이 될 수도 있다. 특히 현행 재개발 사업 방식에서 주택 세입자에 대한 재정착에 대한 배려는 거의 없는 편이다. 세입자나 영세상인들의 보상액을 줄이거나 보상에서 배제해야만 조합의 이익이 커지게 된다. 달동네는 대부분 무허가 지역으로 집값이 싸다. 재개발로 합법적인 소유주가 나오면 집값은 시세에 따라 상승하기 마련이다. 주민들의 경제형편상 재정착하기는 어렵다. 따라서 도시 재개발은 원주민 입장에서 보면 문제 해결이 아니라 문제의 이전에 불과할 수 있다.

그러나 보니 결과적으로 세입자는 땅도 없고 건물도 없어 권리 없는 사람이 되어 버렸다. 세입자는 재개발 과정에서 삶의 터전을 잃어버리게 되고 끝내 영세민으로 전락하기도 한다. 결국 재개발이 동네 사람들에게 쾌적한 주거환경을 제공하는 것이 아니어서 '누구를 위한 재개발인가' 하는 근본적인 문제에 직면하게 된다. 세입자들이라고 해서 생존권과 주거권을 박탈할 수 있는 것은 아니다.

주택의 철거나 재건축은 법에 저촉되지 않는 한 소유주의 재량에 맡겨지지만, 토지는 자본주의 사회에서도 공공적 성격을 띠고 있어 국가나 지방자치체의 개입이 불가피하다. 따라서 토지와 건축물은 공적 규제와 함께 행정적 배려가 뒤따라야 한다.

정주 체계의 불안정은 지역공동체의 붕괴로 이어진다. 지역공동체는 연대의식과 유대감을 조성하고 상호 배려의 문화를 꽃피울 수 있는 곳이다. 공동체로부터의 이탈은 곧 취약계층의 악순환을 초래한다.

'깨진 유리창 이론'과 명품 도시

미국 스탠포드 대학의 심리학 교수인 필립 짐바르도가 1969년도에 의미 있는 한 가지 실험을 진행했다. 치안이 허술한 골목길에 두 대의 차를 방치해 두고 어떤 변화가 일어나는지 관찰하는 실험이었다. 차 한 대는 보닛만 열어 두었고 다른 한 대는 창문을 깬 상태로 놓아두었다.

1주일이 지나 두 자동차를 확인하자 보닛만 열어둔 자동차는 변화가 없었다. 그러나 유리창이 깨진 자동차는 타이어가 모두 없어지고 배터리도 누군가가 털어가 버렸다. 유리창은 모두 깨져 버렸고 폐차 처분해야 할 정도로 엉망이 되었다.

이 실험의 모티브가 된 깨진 유리창으로 인해 '깨진 유리창 이론'이 확립됐다. 깨진 유리창 이론(Broken Windows Theory)은 미국의 범죄학자인 제임스 윌슨과 조지 켈링이 1982년 3월에 공동 발표한 「깨진 유리창(Broken Windows)」이라는 글에 처음으로 소개된 사회 무질서에 관한 이론이다.

예를 들면 슈퍼마켓 앞을 지나가던 불량배가 유리창을 깨고 달아났다. 가게 주인은 생각보다 피해가 크지 않아 깨진 유리창을 종이로 적당히 가리고 영업을 했는데 얼마 후 그 가게 앞에는 쓰레기가 쌓이고 벽에는 낙서가 그려졌다. 시간이 가면서 손님이 점차 줄면서 주변은 어느새 불량배들로 무법천지가 되어 버렸다. 작은 무질서와 하찮은 범죄를 가볍게 여기면 심각한 범죄로 발전한다는 이론이다. 이 이론은 뉴욕시의 치안대책에도 활용되었다.

1980년대만 해도 뉴욕은 연간 60만 건 이상의 중범죄 사건이 일어났고 지하철은 우범지역으로 낙인 찍혀 이용자가 줄어들 정도였다. 미국의 라토가스 대학의 켈링 교수는 깨진 유리창 이론을 바탕으로 지하철 흉악 범죄를 줄이기 위한 대책을 내놓았다.

바로 지하철 낙서부터 지우고 대청소를 하자는 것이다. 낙서가 방치되어 있는 지저분한 상태는 창문이 깨져있는 자동차와 같은 상태라고 생각했기 때문이다. 경찰들은 우선 범죄 단속부터 하는 것이 바람직하다며 깨진 유리창 이론을 대수롭지 않게 생각했다. 그 무렵 뉴욕의 지하철은 범죄의 소굴이었고, 술주정뱅이들의 은신처였다.

그러나 뉴욕시는 낙서 지우는 작업에 착수해 6천 대의 차량에 방치된 낙서를 지웠다. 낙서 지우기는 5년 만에 완료됐다. 그때부터 지하철 범죄가 서서히 줄어들기 시작했다. 2년 후부터는 중범죄가 감소하기 시작했고, 1994년에는 절반 가까이 감소했다. 결과적으로 뉴욕의 지하철 중범죄 사건은 75%나 급감했다.

루돌프 줄리아니가 뉴욕 시장에 취임했다. 그는 지하철에서 얻은 성과를 뉴욕시 전체에 적용시켰다. 줄리아니 시장은 1994년 "교통신호를 지키지 않은 사람을 막을 수 없다면 강도도 막을 수 없다"는 '깨진 유리창 이론'을 적용해 도심 환경을 대대적으로 정비하는 사업을 펼쳤다. 낙서를 지우고, 보행자의 신호 무시나 빈 캔을 아무 데나 버리기 등의 경범죄를 철저하게 단속했다. 그 결과 범죄 발생 건수가 급격히 감소했다. 마침내 범죄 도시라는 오명을 불식시키는 데 성공했다.

　뉴욕을 명품도시로 만든 것은 루돌프 줄리아니 뉴욕 시장의 리더십과 행정철학이다. 환경을 바꾸면 사람이 바뀐다는 점에 착안하여 시민들이 사는 환경을 뚝심을 가지고 바꾸어나간 줄리아니 시장은 뉴욕의 도시 수준을 한 단계 끌어올려 세계적인 명품 도시로 만드는데 성공한 것이다.

　우리 속담에도 '신발이 가지런한 집은 도둑도 물러간다'는 우리 속담이 있다. 시민이 사는 환경을 바꾸어서 시민을 변화시키고 그 변화된 시민들에 의해서 살아 움직이는 시를 만들자는 것이 나의 생각이다. 과거의 정부는 정부가 직접 먹을 것을 만들어서 떠먹여주는 일을 했다면 이제 민주적으로 성숙된 국가에 있어서 정부의 역할은 시민 스스로가 변화할 수 있도록 도와주어야 한다. 미국에서 한참 유행했던 '더불어 사는 자본주의' 혹은 '온정적 자본주의'가 이와 유사한 철학이 아닌가 한다.

이러한 철학을 실제로 시 행정에서 적용하고 그런 정책사업을 성공시킨 것이 무지개 프로젝트이다. 나는 "예산을 투입해서 정주환경을 바꿔 주민들이 자신의 터전에서 꿈을 갖고 살아갈 수 있도록 하겠다"고 약속을 했다. 그 과정에서 도시재생사업을 반대하는 다양한 집단과 사람들을 설득해야 했다. 실제로 대전시 공무원들이 서울 등 외지에 사는 땅주인들을 찾아다니며 간곡히 설득하는 일을 했다. 결국 땅주인들의 마음을 움직였는지 자신의 집을 고치게 하거나 땅을 마을공원 부지 등으로 쓸 수 있도록 허락했다. 이렇게 공무원이나 땅주인이나 그곳에 거주하는 마을사람들이나 모두 '더불어 사는 삶' '소통하는 삶' '다른 사람의 마음을 공감해주는 삶'의 모습을 보여준 결과이다.

내가 시장으로 취임하여 온갖 어려움에도 불구하고 추진한 3천만 그루 나무심기도 지구온란화문제 해결이나 녹색성장에도 관련이 있지만, '환경을 바꾸면 사람이 바뀌고 그 사람이 바뀌면 세상이 바뀐다'라고 하는 생각을 배경으로 하고 있다. 실제로 도로의 중앙분리대 부분에 나무를 심자 저절로 운전자들의 중앙선침범, 불법횡단, 유턴 등이 현저히 줄어들게 되었다. 당연히 그 결과 주요 간선 도로에서 교통사고가 50% 이상 감소하는 결과가 나타나게 되었고 국회로부터 교통안전대상을 수상하기도 하였다.

Part 2

무지개 프로젝트의 비전과
일곱 색깔 전략

생태복원을 위해 35년 만에 철거되는 홍명상가 상인회로부터 눈물의 감사패를 받는 저자

함께 어울려 만드는
건강한 삶터로서의 동네

따뜻한 도시재생

산업화, 도시화의 진행과정에서 저소득층의 인위적 공간적 집중화는 많은 부정적 요인을 발생시켰다. 빈곤의 악순환이 이어지고 지역의 슬럼화가 가중됐다. 열악한 교육환경은 청소년 문제를 발생시킨다. 이로 인해 지역공동체가 붕괴되고 지역 배제현상이 심화되는 등 문제점이 노출된다. 이에 대해 기존의 기초생활보장제도나 개별복지 등의 단편적인 대책으로는 종합적인 문제 접근과 치유에 한계가 있다.

일반적으로 지방의 복지정책은 중앙정부가 수립한 정책을 실행하거나 자원봉사를 독려하는 게 고작이었다. 그러나 무지개 프로젝트는 관 주도가 아니라 민간 주도로 정착시켰고, 빈곤층 밀집지역을 선택해 행·재정을 집중 지원하도록 했다.

영구임대아파트의 외관을 재정비하고 세대별 싱크대 및 도배·장판 교체, 놀이터 개선, 공부방 마련 등에 소요되는 예산은 대전시가 대주주로 있는 대전도시개발공사의 수익금을 활용했다.

희망기획 무지개 프로젝트는 저소득층을 이주시키는 재건축 재개발 방식을 탈피해 기존의 동네를 더욱 정겹고 살만한 곳으로 재단장하는 따뜻한 도시재생사업이기도 하다.

이를 위해 노후주택의 내·외부를 정비하고 주민 편익시설을 개선하는 등 주거환경 개선사업을 펼쳤다. 저소득층 밀집 지역의 교육환경을 개선시키기 위해 18개교에 50여 개 사업을 구상해 56억 원의 예산을 투입시켰다. 어린이 공부방 신설 및 증축, 무료급식 등 부족한 복지 프로그램을 확충하고 활성화시켰다. 도서관을 세우고 체육시설을 확충하면서 프로그램을 다양화했다. 아동과 청소년의 학력 신장과 건전한 가치관 정립을 위해 튜터제 운영도 시작했다.

공동작업장, 취업교실 등은 지역 주민들의 자활능력을 도와주는 프로그램이다. 여성취업교실을 열어 한식조리반과 제과, 제빵 과정에 지역주민들을 불러 모았다. 빈곤에 대해 근본적으로 해결해 보자는 취지였다. 알코올 상담센터, 장애인 주간보호센터를 설치해 복지 서비스의 범위를 확대했다. 저소득 밀집

지역 8개 지역에서 140개 단위사업이 시작됐다. 이것은 영세민들이 자신의 터전을 지키고 살면서 꿈과 희망을 가질 수 있는 새로운 차원의 개발사업이다.

무지개 프로젝트는 물리적 환경개선뿐만 아니라 다양한 복지문제 해결에 초점이 맞춰져 있다. 사업의 계획 및 추진과정에서 지역주민의 다양한 의견을 수렴하고 반영하는 주민 위주의 개발사업이다. 그 결과 주민 자생 단체가 주도하는 마을축제나 예쁜 동네만들기 사업이 펼쳐졌다. 자원봉사단과 민간복지 시설의 참여도 사업이 성공적으로 추진될 수 있는 여건을 만들었다. 종교기관과 시민단체가 주도해 이웃마을과의 교류사업도 확대됐다.

사업지역은 저소득층 밀집지역이라는 공통점은 있지만 동네마다 특성이 달라 지역적 특성을 고려한 맞춤형 사업의 발굴과 추진이 필요했다. 대전시가 연출을 맡고 주민들이 직접 참여해 주인공으로 움직인다고 할 수 있다. 연극이나 드라마처럼 그 주인공은 연출이 아니라 주연 배우인 주민들인 셈이다.

동네 거버넌스를 통한 공동체 회복

물리적 환경 개선은 가시적인 것이어서 어느 자치단체나 정책으로 결정할 수 있다. 무지개 프로젝트에서는 지역공동체를 형성하고 회복한다는 개념이 강력히 반영되었다. 그리고 이 과정에서 동네 거버넌스 개념을 중요하게 생각한다. 사업의 초기에는 어쩔 수 없이 공무원과 행정이 필요한 서비스의 전달에 초점을 두는 동네관리 형태였으나 점차 지역에 속해 있는 동네 지도자들과 자원봉사 참여자들이 역량과 리더십을 키워나가고 동네 안팎의 관련된 사람들을 묶어 나가는 동네 파트너십을 구축하여 동네 거버넌스를 운영해 나가는 것이다.

무지개 프로젝트 추진과정에서는 초기에는 공무원과 지역의 순수 민간단체 지도자들의 리더십이 중요한 역할을 했다. 진정한 지도자는 주민의식을 고취시키기 위해 아래로 향한 사람이다. 이러한 지도자의 역할은 주민의 역량을 키워서 자발적으로 변화에 참여하고 행동하는 마을을 만드는 것이다. 이렇게 동네 거버넌스의 핵심은 지역사회 주민들의 사회적 관계 및 참여의식이다. 지역내 주민들끼리의 관계를 새롭게 만드는 것이 중요하다. 또 인접한 다른 지역과의 관계 개선도 중요하다. 다른 동네와의 차별이 나타나고 피해의식이 팽배하다면 그 지역은 도시 속의 외딴 섬이 될 것이다. 이를 극복하기 위해 사회복지관 중심의 주민축제를 개최하고 공존의식을 배양시키는 것이다.

지금까지 지역주민들에게는 정부가 일방적으로 서비스를 제공한다는 의식만 존재했었다. 무지개 프로젝트는 공무원이 시민들의 요구사항을 수렴하는 과정에서 주민과 공무원의 관계를 새롭게 형성시켰다. 주민과 복지관의 관계 역시 진일보했다.

시 각 부서의 실무책임자들이 무지개 프로젝트 대상 지역을 방문해 주민들의 요구를 경청했다. 개인적으로 방문하는 경우도 있었고 공청회나 설명회를 통해 주민 욕구조사를 실시하기도 했다. 무지개 프로젝트 실무 책임자는 거의 매일 현장을 누비며 사업 전개과정을 모니터링했다. 이것은 정부와 복지기관 또는 정부와 주민과의 새로운 관계 형성이라는 점에서 좋은 사례가 될 수 있다.

공무원 튜터제도 공무원과 주민들 간의 다차원적이고 역동적인 교류의 사례에 해당된다. 취약동네 문제 중의 하나로 청소년들의 역할 모델이 없다는 점이다. 이런 상황에 공무원이 취약계층 청소년의 학습을 지도해주는 교사의 역할을 보조할뿐만 아니라 청소년과의 관계를 통해 '나도 공부해서 공무원이 될 수 있다'는 역할 모델로도 활동한 것이다. 또한 튜터 경험이 있는 공무원은 탁상 행정을 떠나 현장감각을 중요시할 것이라는 점에서 장기적으로 시 행정에 기여할 것이라는 점도 또 다른 효과이다.

일곱 색깔 무지개 전략

　무지개는 일곱 가지 다른 색이 오묘하게 어울린 하늘 위의 다리이다. 무지개 프로젝트도 사실 일곱 가지 색깔만큼이나 다른 특징들이 모여 있는 시민을 위한 행복다리 중 하나이다. 무지개 프로젝트를 진행하면서 하나씩 하나씩 발견하고 배워가는 것은 '사람은 참으로 다양한 모습으로 문제를 해결하며 기쁨을 얻고 행복감을 느끼게 된다'는 것이다.

　무지개 프로젝트를 시작할 때에는 몰랐던 것들을 공무원들과 머리를 맞대고 상의하면서, 지역 내외의 전문가들과 현장을 돌면서 토론하고 그리고 하루하루 일상을 살아가는 주민들의 속내를 들어가면서 배우게 되었다.

　이렇게 진행된 무지개 프로젝트는 지역 내에서 뿐만 아니라 대외적으로도 인정을 받아 여러 개의 상을 받기도 하였고, 그 사례를 타지역에서 발표하여 널리 소개하기도 하였다. 그 중 한국정책과학학회와 고려대 거버넌스 연구소가 공동 주최하고 아태언론인 클럽이 후원하는 뉴거버넌스 리더십 메달의 첫 수상자로 학회에서 주는 상을 받는 기회가 있었다. 이 자리에서 무지개 프로젝트가 뉴거버넌스의 훌륭한 사례라는 이야기를 듣게 되었다. 뉴거버넌스라는 것이 정부운영의 새로운 체제, 제도, 메커니즘 및 운영양식을 다루는 것으로 기존의 통치(governing)이나 정부(government)를 대체하는 새로운 개념이라는 것이다. 한마디로 정부가 해야 할 일을 새롭게 인식하고 그 일을 정부가 하는 것이 아니라 주민, 기업, 시민단체, 자원봉사자 등 다양한 주체들과 협력하여 이루어가는 것을 의미한다는 것이다.

나 자신도 무지개 프로젝트의 현장에서 이 사업을 통해 확실히 배운 것도 바로 이와 같은 내용이다. 뉴거버넌스라는 새로운 이론은 몰랐지만 내가 무지개 프로젝트를 통해 전략적으로 추진한 것들이 바로 뉴거버넌스의 내용과 일치한다는 것을 확인한 것이다. 다른 느낌의 색깔들이지만 명확한 경계도 없이 서로 어울려서 신비로운 일곱 색깔 무지개처럼 무지개 프로젝트도 나름대로의 독특한 일곱 가지 전략으로 추진하여 결실을 맺은 것이다.

빨강: 사랑과 열정으로

동네는 희망이라는 싹을 키우는 모판이다. 이 삶의 현장에 동네공
동체를 복원하고 키우고 살리려는 사랑과 열정이 제일 중요하다

사랑이 없으면 울리는 꽹과리가 되고

예전에 음악을 듣는 유일한 방법이 라디오 프로그램이던 때
가 있었다. 청취자가 보내오는 엽서의 사연을 읽어주고 희망곡
을 틀어주는 라디오 프로그램말이다. 언젠가 라디오 프로그램
에서 읽어주는 청취자 글에서 '사랑이 없으면 울리는 꽹과리가
되고'라는 표현을 들은 적이 있다. 아무리 잘한다 해도 사랑하
는 마음이 없는 행동은 시끄러운 꽹과리 소리처럼 들린다는 얘
기리라. 특히 시민들을 위해서 일하는 공무원들의 행정에서 시
민을 향한 사랑과 열정이 빠진다면 그것이 바로 울리는 꽹과리
가 되는 것이다.

이러한 점에서 무지개 프로젝트를 진행하면서 특별히 사랑과
열정의 중요성을 느끼고 배운 것은 복지사들을 통해서 이다. 세
상에는 다양한 직업군이 존재한다. 직업은 개인의 자아를 실현하
고 사회에도 공헌하는 측면이 있다. 그 중에서도 어려운 이웃을
위해 행정적 심리적인 도움을 주는 사람이 사회복지사들이다. 이
들은 나보다 다른 사람을 위해 일하는 직업을 가진 사람들이다.

오늘날 모든 나라는 복지국가의 실현을 추구하면서 사회구성원에 대한 사회적 서비스를 질적·양적으로 확대하고 있다. 사회복지사는 청소년, 여성, 장애인, 노인 등 사회적·개인적 문제를 겪는 사람들을 대상으로 스스로 문제를 해결하고 정상적인 사회생활이 가능하도록 지원하는 일을 한다.

복지대상자를 선정해 문제와 상황을 파악한 뒤 어떤 서비스를 제공해야 할지 판단하고, 복지조치 및 생활지도 등의 지원을 하는 것이다. 이밖에도 복지대상의 사후 관리나 행정적 업무처리, 사회현상이나 정책변화에 적합한 시스템이나 프로그램을 개발하고 관리하는 업무를 한다.

이 일을 하려면 사람들과 함께 어려움을 나눌 수 있는 사랑하는 열린 마음으로 다가가야 한다. 사회복지사들은 감성적으로 따뜻한 심성을 지니고 지속적인 열정을 유지하는 사람들이다. 또 관련 분야에 대한 충분한 전문지식과 협동심, 원만한 대인관계 및 의사소통 능력 등도 필요하다. 사회복지사는 한마디로 나눔과 소통의 전도사들이다.

무지개 프로젝트가 성공적으로 추진되기까지는 각 지역에서 활동하는 사회복지사들과 자원봉사자들의 사랑과 열정을 언급하지 않을 수 없다. 보살핌이 필요한 현장을 누비는 복지사들은 눈코 뜰 사이 없이 바쁘다. 과도한 업무를 수행하느라 심신이 지치기도 하지만 그들은 따뜻한 동네를 만들기 위해 묵묵히 일하고 있다. 그렇다고 급여나 대우조건이 좋아 만족할 만한 수준도 아니다.

무지개 프로젝트 지역은 한때 주민들의 반사회적 언행으로 복지사들이 고충을 겪기도 했다. 소득실태를 파악하기 위해 가정을 방문하다 보면 생활비를 더 지원해 달라고 요청하는 사람이 많다. 복지사의 능력으로도 해결이 안 되는 요구사항에 대해서도 함께 고민해야 한다. 동사무소를 찾아와 상급학교에 진학하는 자녀의 교복비를 달라고 떼를 쓰는 경우도 있다.

학교에 가지 않고 수업에 빠지는 청소년들이 파출소에 있다고 연락이 오면 이들을 인계해 부모에게 데려다주며 따뜻한 말 한마디로 용기를 줘야 한다. 술 먹고 폭언을 행사하는 주민을 만나면 겁이 나기도 하지만 차분하게 대처해야 한다. 물건을 집어던지거나 집기를 부수는 주민 앞에서는 속수무책으로 발을 동동 구르는 경우도 있다.

복지사는 지역 주민들의 갈등을 조정하고 하나로 통합시키는데도 중요한 역할을 한다. 주민들이 동네 구성원으로서 주체성을 가지고 살기 좋은 동네로 가꾸면서 무지개 프로젝트는 더욱 빛을 보기 시작했다.

지역 축제나 벼룩시장 등의 행사를 기획하고 주민들을 참여시켜 공동체에 대한 인식을 강화시킨 것도 복지사들의 역할이었다.

복지사는 사회적 약자와 서민의 재기, 특수계층으로 분류되는 사람들이 최소한의 인간적인 삶을 살아갈 수 있도록 뒷받침하는 일에 최선을 다하고 있다. 그리고 장애인이나 독거노인, 새터민들의 필요에 맞추어 복지정책을 제공하는 생활밀착형 보건복지 서비스를 펼치고 있다. 복지의 질을 높이고 복지의 사각지대를 해소하는 역할을 한다.

이는 우리 정부의 국정지표인 '능동적 복지'와도 뜻을 같이한다. 그러다 보니 지역사회에 적응하기 어려운 사람들에게 복지사는 없어서는 안 될 존재다. 이들이 소외감을 갖지 않도록 내 가족처럼 돌보고 손과 발이 되어줌으로써 무지개 프로젝트는 나눔과 소통의 이상을 실천할 수 있었다.

복지사들은 주로 복지관이나 동사무소를 중심으로 활동하고 있다. 나는 복지사들이 사랑과 열정으로 흘린 땀방울이야말로 우리가 살고 있는 동네를 더욱 아름답게 하는 원동력이라고 생각한다. 이러한 이웃을 향한 사랑과 열정이 없다면 무지개 프로젝트는 한낱 외형적 사업에 지나지 않았을 것이다.

주황: 선택과 집중

대상지역을 선택하고 시의 모든 역량을 집중시켜 동네를 바꾼다

'올코트 프레싱'

무지개 프로젝트는 현지 주민 중심의 취약동네 재생 프로그램이다. 재개발이나 뉴타운 개발이 아닌 도시재생에 초점이 맞추어졌다. 그 방식으로 '선택과 집중'을 통해 행정 및 재정 지원을 하는 것이다. 이 선택과 집중의 전략을 설명하기 위해 올코트 프레싱이라는 농구용어를 사용해왔다. 농구에서 올코트 프레싱이란 모든 선수들이 전원 상대팀 진영에 들어가서 압박수비를 펴는 것을 말한다. 이렇게 하면 상대팀이 패스할 곳을 못 찾아서 타임오버를 하거나 혹은 실수를 하여 공을 빼앗기게 될 수 밖에 없게 만드는 전략이다.

시의 행정이라는 것이 그 범위가 넓고 또 전문적인 분야로 나누어져 있다보니 사실상 특정한 동네의 주민들 입장에서는 이해가 안되는 부분이 많을 수 밖에 없다. 뭐 한가지 할려다 보면 여기저기 부서를 찾아다녀야 하고, 부서 간에는 일을 이해하고 또 조정하는 데 시간도 많이 걸린다. 이러한 과정을 경험하면 주민들은 지쳐서 관청을 싸잡아 욕하고 비난하게 되기도 한다.

무지개 프로젝트는 행정이 가지는 이러한 문제점을 극복하기

위해 선택과 집중의 올코트 프레싱을 하도록 하였다. 다시 말하면 대상지역과 주민들을 명확하게 선택하고 선택된 이후에는 모든 행정부서가 동시에 참여하여 문제를 해결하는 방식이다.

이 방식은 무지개 프로젝트의 1단계 사업을 시작할 때부터 강조하면서 적용한 방식이다. 2006년 9월 동구 판암동을 1단계 시범 지역으로 실시됐다. 우선 판암1동의 3단지 영구임대아파트 지역과 판암2동의 4단지 영구임대아파트 지역이 주 대상 지역으로 선정하였다. 이 지역에 대해 주거환경을 개선하고 교육여건을 획기적으로 조성하고 주민들의 자활 능력을 배양한다는 것이 이 사업의 주 골자였다. 이러한 사업들은 그 동안 시의 각 부서에서 개별적인 지역을 선택하여 산발적으로 시행했던 사업들이다. 그러다 보니 사업은 하고 있지만 그 방식이 실효성도 낮을 뿐 더러 가시적 성과 역시 미흡했다. 이런 방식으로 저소득층을 지원해 봤자 실질적으로 삶의 질을 높이기는 어려웠다.

따라서 주거환경 개선, 교육여건 조성, 주민자활지원 등의 사업을 모두 한 곳에 모아 집중하여 가시적인 성과를 내보도록 정책을 조정하고 추진하자는 것이 내 아이디어였다. 그 결과 대상지역으로 판암1동 3단지 영구임대아파트 지역과 4단지 영구임대아파트 지역을 선택한 것이다. 이 지역이 선택된 것은 현실적으로 이러한 사업의 수혜자들이 가장 밀집되어 있어 정책수요가 높게 밀집되어 있는 지역이기 때문이기도 했지만 지역에 나름대로 자발적인 변화의 씨앗들도 있는 지역으로 평가되었기 때문이다.

이렇게 지역이 선정되자 나는 농구의 올코트 프레싱처럼 시의 모든 역량을 이곳에 집중시키는 융단 폭격식 지원을 추진하도록 했다. 사업 추진과 관련된 과들을 모두 불러 함께 이 일을 추진하도록 하였고, 정기적으로 회의를 주재하기도 하였다. 당초에는 공원녹지과, 복지정책과, 도로과, 건축과 등 4개 과가 사업 추진에 참여하기로 했으나, 사업이 진행되면서 그 범위의 내용도 확장되어 참여하는 공무원들도 늘어났다. 그 결과 관련 실국들을 모두 포함하여 기획관리실을 비롯 문화예술과, 체육청소년과, 도시관리과 등 8개 부서가 이 일에 참여하여 협력하였다.

이렇게 관련부서들이 모두 참여하여 협의하니 없던 예산들도 찾아 낼 수가 있었고, 사업 추진의 장애물들을 해결할 수 있는 묘안도 제시되었으며, 구체적인 결과가 가시화되는 성과를 보이게 되었다. 판암동의 경우 악취 제거를 위해 오수와 빗물을 분리 처리하는 분류식 하수관 도랑 설치 사업으로 판암천 3.6㎞ 구간에 오수·우수 분리벽을 설치하는 사업이 진행되었는데 이 사업도 이러한 방식으로 해결된 사례이다. 이 공사는 판암동 전 지역으로 확산시킴에 따라 2012년 말까지 공사가 연장될 예정이다.

이 악취 제거 문제는 판암동 주민들의 숙원사업이었다. 주민들이 민원을 제기했지만 워낙 많은 예산이 들어가는 사업이어서 담당부서인 도시관리과는 엄두를 내지 못하고 있었다. 아마도 이 문제를 해당과에서 자체적으로 해결하려고 하면 예산주기에 따라 1년 이상이 걸리고 그나마 부서 간 협조가 안되면 방법이 없어서 결국은 포기했을 것이다. 하지만 올코트 프레싱 전략으로 관련된 부서들이 모두 참여해서 아이디어를 내고 해결책을 만들게 하니 예산을 만들어 낼 수도 있었고, 무엇보다 시간을 끌지 않고서도 해결할 수 있게 되었다.

올코트 프레싱이 만능의 전략이 될 수 없는 것도 사실이다. 농구에서 올코트 프레싱을 하는 경우는 대개 경기가 거의 끝나갈 무렵 시간이 얼마 안 남은 상태에서 자주 사용하는 작전이다. 동시에 이 전략은 모든 선수들이 동시에 뛰기 때문에 체력을 급격히 소모할 가능성도 있고, 또 만에 하나 상대팀이 기회를 얻게 되면 우리 팀의 대응에 훨씬 힘이 드는 전략이기도 하다. 그럼에도 불구하고 우리의 행정이 대부분 자기영역만 지키고 앉아서 오히려 공이 안 오기만을 기다리는 식이라면 올코트 프레싱으로 새바람을 불어넣고 가시적인 성과를 내는 것이 필요한 전략이다. 서민과 소외계층에 대한 지원은 더욱 올코트 프레싱으로 접근하여 해결해야지 시간이 가면 갈수로 문제는 더 복잡해지고 커져서 해결 불능상태로 빠질 위험이 크기 때문이다.

노랑: 관심과 배려의 정책

유치원 버스의 노란색은 운전자들에게 어린이들에 대한 관심과 배려를 요청한다.

오래 가려면 이웃과 함께 가라

세상 모든 일은 마음먹기에 달렸다고 한다. 어릴 때 들은 얘기만 잘 실천해도 세상에 더 배울게 없다고 어른들은 말씀하셨다. 내가 어릴 때 달력에 써 붙여 놓은 것을 보면 '오늘 할 일을 내일로 미루지 마라', '하늘은 스스로 돕는 자를 돕는다'와 같은 쉬운 내용들이었지만 정작 그것을 지키기는 쉽지 않았다. 그런데 지키면 반드시 결과가 온다.

시각장애인이 사법고시 2차를 합격했다는 뉴스를 보고 나는 마음속으로 열렬히 박수를 쳤다. 그 뉴스가 크게 보도된 것은 어려움을 겪고 이겨낸 한 인간의 의지에 감동했기 때문이다. 사람이 살아가는 데는 많은 어려움이 있겠지만 어떤 마음과 노력으로 극복하느냐가 중요하다.

'그 장애인이 어떻게 그 어렵다는 사법고시를 합격했을까' 하는 생각을 해보면 '아무리 힘들고 어려워도 마음먹고 하면 된다'는 생각을 갖게 해준다. 힘들고 어려워도 많은 이웃들에게 용기를 주는 희망의 메시지였기 때문에 기사가 크게 다뤄졌을 것이다.

어쩌면 그 사람이 사법고시에 합격한 것은 개인의 영광이기도 하지만 많은 어려운 이웃들에게 할 수 있다는 가능성과 꿈을 심어준 큰 역할을 하고 있는 것이다.

요즘 세상은 한두 집 건너 장애인이 없는 집이 없을 정도다. 이들에 대해 인식을 달리 해야 한다. 장애인 시설이나 노인 시설을 한다고 하면 주민들의 반발이 나오기도 한다. 누구나 겪을 일인데도 내 집 앞에는 그런 시설이 못 들어오게 거부하는 현실이 안타깝다. 우리는 누구나 장애인이 될 수 있다는 점을 생각하면 이 일은 남의 일이 아니고 내 가족의 일이고 내 일일 수도 있다. 관심과 배려의 마음을 갖는 사람은 장애인 시설에 대해 무턱대고 거부를 하지 않을 것이다.

"빨리 가려면 혼자 가고 오래 가려면 이웃과 같이 가라"는 말이 있다.

힘들고 어려운 길이지만 혼자 걷는 것이 아니고 이웃과 함께 하면 서로 힘들 때 손잡아 주고 위로해 주면서 목표점을 향해서 갈 수 있을 것이다.

무지개 프로젝트는 물리적 환경변화로 인한 가시적 성과도 중요하지만 그것이 전부는 아니다. 영구임대아파트나 달동네 지역의 주민들에게 '여러분들도 노력 여하에 따라서 잘살 수 있다'는 희망의 메시지를 주는 것이 중요하다. 그들과 함께 오래오래 가는 것이 공동체를 복원하는 길이며 무지개 프로젝트의 목적이다.

장애인들은 불편을 겪고 그 가족들은 마음의 아픔을 겪는다. 무지개 프로젝트를 추진하면서 느끼는 점은 이제 우리가 편견 있는 눈으로 그들을 보는 것이 아니라 우리 이웃으로 관심과 배려의 마음을 가지고 대해야 한다는 점이다.

무지개 프로젝트는 비장애인들에게도 주는 메시지가 분명히 있다. 우리는 장애, 비장애를 떠나 그들과 함께 손을 잡고 걸어가야 한다는 것이다. 마음의 편견을 버리는 것이 무지개 프로젝트가 궁극적으로 추구하는 관심과 배려의 정책이다.

사회복지를 하다 보면 공급하는 측면에서는 사람도 시설도 필요하고 또 재원도 필요하지만 무엇보다도 중요한 것은 어려운 사람들에 대한 관심과 배려의 마음이다. 공무원이건 시민들이건 이런 마음이 없으면 사회복지를 실현하기 어렵다.

녹색: 환경개선을 통한 치유와 회복

환경을 바꾸면 사람이 바뀌고 사람이 바뀌면 세상이 바뀐다.

꽃나무로 가꾸는 무지개 마을

예전에 광고 카피 중에 '산소 같은 여자'라는 것을 기억한다. 나는 우리 대전이 산소 같은 도시가 되기를 갈망하며 녹색성장을 향한 행정철학을 강조한다. 시민들의 삶이 아무리 힘들고 어렵더라도 도시 환경이 쾌적하고 살만한 형편이 된다면 이겨낼 수 있을 것이다.

그런 면에서 도시를 살리는 일에 있어서 환경의 중요성은 아무리 강조해도 지나치지 않고 도시의 경쟁력을 구성하는데 매우 중요한 요소의 하나라고 생각한다. 3천만 그루의 나무를 심고, 3대 하천을 살리고, 대전을 자전거 타기 좋은 도시로 만들고자 하는 의욕을 가지고 시정을 펼치고 있는 것도 이런 이유 때문이다.

2009년 6월 대통령을 비롯하여 전국 16개 시·도지사와 시·도의회 의장 등이 참석한 '녹색성장 지방정책보고회'에서 '녹색성장의 허브도시, 대전'이란 주제로 우수도시 모범사례를 발표했다. 녹색성장이야말로 미래의 신성장 동력을 확보할 수 있는 길이다. 이제 나무, 하천, 자전거는 대전의 브랜드 마크가 됐다.

초등학교 1학년 입학기념 나무 심기

    대전시는 '건강한 환경도시' '녹색성장 대전' 조성을 선언했다. 숲의 도시 대전은 녹색성장 핵심사업 중의 하나로 3천만 그루 나무심기와 함께 도시공원을 생태공원화 하고 도시의 바람길 확보 등을 추진하고 있다. 이것은 대전식 녹색 뉴딜이다.

    나무를 많이 심어 도시 속의 숲을 만드는 것이 아니라 숲 속의 전원도시를 만드는 것이 내 꿈이다. 대전시가 2007년 나무 심기 운동을 선포한 이후 지금까지 500여만 그루의 나무를 심었다. 법원 담이 헐리고 그 자리에 나무가 심어졌다. 마을에는 아기자기한 공원이 들어섰는가 하면 공원 같은 학교도 선보이고 있다.

무지개 프로젝트 지역에서도 7만여 그루의 나무를 심었다. 무지개 프로젝트가 주민 참여형 복지사업이라는 명분에 걸맞게 주민들을 주도적으로 참여시켰다. 정주환경의 녹지 공간 조성은 주민들에게 정서적인 삶터를 제공할 것이다.

이 행사에는 8개동 주민 4천여 명이 참가해 예쁜 마을가꾸기에 열을 올렸다. 봄꽃 4만 5천 그루, 개나리, 백목련, 이팝나무를 비롯한 수목류 3만 3천 그루 등 총 7만 8천여 그루의 나무를 심었다. 이런 행사는 마을 경관을 조성해 지역주민들의 애향심을 고취시키고 꽃과 나무에 대한 지속적인 관리로 인해 이웃사랑의 정신을 높일 것이다.

무지개 프로젝트가 추진되고 있는 8개 지역에서 동시에 개최된 나무심기는 일반 식목행사와는 달리 추진지역별로 무지개 봉사단의 마을가꾸기 다짐 결의문 낭독, 주민들로 구성된 사물놀이 및 화합의 노래 제창, 국수잔치 등으로 축제 분위기로 진행됐다.

7만 8천여 그루의 꽃과 나무는 동구 판암1,2동과 대동에 2만 4천 그루, 중구 문창동과 부사동에 6천여 그루, 서구 월평2동 1만여 그루, 대덕구 법1,2동에 3만 8천여 그루씩 각각 나눠 심었다. 대전시는 앞으로도 이 행사를 3천만 그루 나무심기 운동과 연계 추진해 마을 경관 향상과 지역공동체 복원, 나눔과 배려의 상생체계를 구축하는 계기로 만들 계획이다.

무지개 프로젝트가 추구하는 기대성과는 떠나고 싶은 동네에서 정이 넘치는 동네, 살고 싶은 동네로 변화시키는 것이다. 그 변화를 위해 주거 생활공간과 주변 환경개선으로 주민의 자긍심과 동질감을 회복시킬 수 있다. 또 경제적 · 사회적으로 자활역량이 강화되면 지역사회 일원으로 동참할 수 있는 자신감을 회복하는 것이다. 이것은 곧 지역공동체 복원을 의미하고 사회적 소외현상을 해소시킬 수 있을 것이다. 환경이 바뀌면 사람이 바뀌고 사람이 바뀌면 마을이 바뀌는 것이다. 이러한 의미에서 무지개 프로젝트에서 실시한 나무심기를 통한 마을가꾸기는 새로운 복지모델로 부각될 수 있을 것이다.

파랑: 전문가의 도움
마을 현황에 대해 잘 알고 있는 전문가의 말에 귀 기울여라

마을에 대해 가장 잘 아는 전문가들의 역할
무지개 프로젝트는 과거 관 주도의 일방적이고 획일적인 행정 서비스 제공의 차원을 넘어 정부기관과 민간부문, 복지관이

나 자원봉사 등의 자발적 부문 등 3개 단위가 협력체제를 구축해 거버넌스 영역을 이룬다. 복지관이나 자원봉사단은 민간과 공공부문을 연결하는 중간 협력단체라 할 수 있다. 즉 지역의 파트너십을 통해 사회적 유대 및 주민역량을 강화하는 것이다. 복지관이 그 대표적인 역할을 하고 있다.

무지개 프로젝트는 추진과정에서 중요한 역할을 한 사람은 이들 지역에서 드러나는 문제들에 대해 깊이 있는 현장감각과 전문지식을 갖는 전문가들이었다.

우선 지역의 문제에 대해 폭넓은 현장 감각을 갖춘 사회복지사들과 각 지역 복지관들의 역할이 두드러진다.

판암동 4단지 영구임대아파트 지역에 있는 생명종합복지관의 배영길 사회복지사는 무지개 프로젝트 자문위원 구성 때 복지관 실무자로서 참가했다. 그는 대전시 공무원이나 자문위원으로 위촉된 대학교수들에게 자문을 해 줄 정도로 현장 감각에 뛰어나다.

생명종합복지관은 1993년 임대아파트 초기에 문을 열었고 배씨는 1994년 1월에 복지관 근무를 시작했다. 당시 관내 대암초등학교 학생수가 1천 500명 이상이었으나 지금은 3분의 1 수준으로 줄었다. 그 많던 학생들이 왜 줄었을까. 그의 설명이다.

"입주 초기에는 저소득층과 젊은 부부들이 함께 살았어요.

팔랑개비 봉사단과 대화를 나누는 배영길 씨

그런데 알코올 중독자나 장애인들이 점점 늘어나면서 신혼부부
들이 먼저 이사를 가기 시작하더군요. 누구든지 형편만 되면 떠
날 생각들을 하고 있었죠. 405동은 3분의 2 이상이 수급자가 됐
어요. 복지관 차원에서 슬럼화에 대한 문제를 제기했습니다.
시가 관심을 갖도록 주민 서명운동을 벌여 도서관을 세우기로
했죠. 그런데 진행이 안 되더군요."

　주민들의 정주의식이 희박해 참여의식이 그만큼 낮았다는 것
을 의미한다. 지역공동체문화가 형성되어 있지 않아 주민모임
도 없고 지역의 주민조직이 무슨 일을 해도 관심을 보이지 않았

던 것이다. 생명종합사회복지관은 무지개 프로젝트 출범을 촉진시킨 시발지이기도 하다. 그리고 이곳과 연계하여 활동하는 복지사들의 현장지식이 아니었으면 무지개 프로젝트는 성공할 수 없었다.

"시민단체도 못하는 일을 시가 한다고 해서 처음에는 의구심이 들었어요. 주민들은 아직 준비가 안됐지만 정책 수정을 요구할 수 있는 통로가 있어서 주민들의 의견이 많이 반영됐습니다. 주민 없는 일방주의적 정책이 아니라 주민이 주도적으로 사업에 참가해야 무지개 프로젝트가 완성된다고 생각합니다."

일방적인 관 주도의 개발이 아니라 거주민 중심의 시책이 되도록 만든 것이 결국 주민의 목소리를 평소에 듣고 이를 효과적으로 대변한 배 씨와 같은 전문가들의 도움이 있었기 때문에 가능했던 것이다.

남색: 공무원이 앞장서는 섬김의 행정
공무원이 주민의 입장에서 문제를 풀어가는 것이 눈높이 행정이다

무지개 프로젝트는 1단계 지역부터 가시적인 성과들이 나타나고 있지만 사업의 성공 여부는 현장 중심의 행정에 달려있

다. 사업 구상 단계에서 대전시는 여러 차례의 정례회의, 현장 실사, 주민공청회, 포럼, 세미나, 워크숍, 주민의견조사 등을 거쳤다. 이것은 공무원들이 주민들에게 다가가 현장의 목소리를 경청하기 위한 노력들이다.

과거 특정 지역 관련 사업은 시청 건물에서 공청회 또는 설명회가 열렸다. 이 자리에서 정부는 일방적인 사업 설명에 그치거나 전문가 발표와 토론으로 결과를 도출해 냈다. 무지개 프로젝트는 공청회나 설명회가 해당 지역의 공공건물이나 복지관에서 열었고 관련공무원들이 모두 참석해서 주민들이 절실히 요구하는 것이 무엇인지 귀를 기울였다.

시의 해당 부서 간부들이 직접 참여해 주민들의 불만과 요구를 듣고 즉석에서 답변을 주거나 검토를 약속하는 형식을 취했다. 비록 동네 수준의 새로운 제도적 장치는 아니지만 동네 문제를 해결하기 위해 공무원들이 사무실을 박차고 나와 주민들과 맞대면했다. 또 주민들에게 영향을 끼칠 수 있는 지역 지도자들의 참여를 유도했다. 이런 작은 변화는 주민과 시와의 새로운 관계를 형성하는 계기가 됐다.

공무원 튜터의 보람
나는 특별히 공무원 무지개 튜터들의 활동에 고마워한다. 자신의 업무도 바쁠 텐데 어려운 이웃을 위해 뜻 깊은 일을 해주고 있는 사람들이다. 무지개 튜터단은 대전시와 구청의 신규 공무원 및 임용후보 수습자들의 자발적인 참여로 이루어진다. 이들은 초등생 및 중학생에 대해 1:1 학습지도와 인성교육을 실시하고 있다.

튜터로 참여하는 분들 중에는 우리 시청과 구청은 물론 유관기관에 계신 분도 있다. 좀처럼 시간 내기 어렵거나, 자신의 몸도 불편한 경우가 있음에도 열성적으로 활동하고 있다는 말을 들었다. 힘들겠지만 학생들에게 큰 희망을 주고 있다는 자부심과 보람으로 계속 노력해 달라고 당부하고 싶다.

취약계층의 학생들은 대체로 열악한 학습환경으로 인해 학습의욕이 저하돼 있고 역할 모델이 없어 미래에 대한 비전이 없다. '튜터들이 그들을 돌보아 주지 않는다면 그 시간에 아이들은 어디서 무엇을 할까?' 하는 그런 생각에 이르면 비록 몸은 힘들지만 마음은 뿌듯할 것 같다. 무지개 프로젝트와 관련하여 가끔 어린 초등학생들에게서 학교시설을 개선해 주어 고맙다는 편지를 받는다. 연필로 썼다가 지운 자국이 있고, 철자법이 틀린 곳도 있지만 그 속에 담겨진 고마워하는 마음만큼은 정말로 순수하고 아름답다. 이렇게 우리가 조금만 노력하면 큰 도움이 되는 사람이 있다는 것이 행복하다.

튜터제는 수혜학생의 학습의욕을 높이고 성적을 향상시키는 방과후 맞춤형 교육 서비스로 평가받는 성과를 올렸다. 또 민간 부문의 참여를 유도하기도 했다. 서구 둔산동의 한 영어학원에서는 무지개 프로젝트 지역 자녀들을 대상으로 한 무료 영어회화반 '무지개 희망 영어교실'을 열었다. 열악한 가정환경으로 인해 학원을 다니지 못하는 저소득층 가정의 자녀들이 참가해 학습을 하고 있다.

김기수(대전시 세정과) 씨는 판암동 동신중학교 학생의 튜터로 활동했다. 이 학생은 49.5m2(15평) 다세대 주택에서 할머니, 부모, 3형제가 함께 거주하는 취약계층 자녀. 부모가 일용직 근로자로 맞벌이를 하느라 밤늦게 귀가해 제대로 보호를 받지 못했다. 김기수 씨는 영어를 집중 지도한 결과 학생의 성적이 향상돼 보람을 느낀다고 한다.

또 다른 튜터는 아파트에 거주하는 모자 가정의 자녀를 지도했다. 이 학생은 컴퓨터 게임에 빠져 공부에 별 관심이 없었다. 튜터는 매주 2시간 접촉을 하면서 1시간은 학습지도, 1시간은 대화를 나누며 인성교육에 치중했다. 주말에는 놀이동산이나 야구장에 데려가고 함께 운동을 하면서 학생에게 꿈을 심어 주었다.

공무원 튜터는 학생들에게 좋은 역할 모델이 된다

무지개 튜터 카페(cafe.daum.net/rainbowtutor)에는 튜터들의 활동 사항이 소개되어 있다.

튜터들과 모임을 하면서 이렇게 서로를 이해해주고 기탄없는 대화로 학습지도 등을 해주시고 어제 미처 몰랐던 미담사례도…

체육지원과 김평섭 주사님은 학생이 친구들을 3명이나 데리고 나왔는데도 지도하시고, 동구 임재정 주사님은 영어성적이 40점이던 학생이 80점으로 향상되어 시청에서 열리는 영어경시대회까지 참여하게 되었다는 ….

도시계획과 오석민 주사님은 학생에게 자비로 빵을 사주면서 형처럼 대하고… 차량등록사업소 안미근 주사님은 결혼 후 판암동으로 거주지를 옮겨 학생과 만남의 장을 가지는 등 작고 아름다운 튜터 활동은 우리사회 진정한 마음의 선물입니다.

정보화담당관실 배윤오 튜터께서 금번 승진예정 대상자로 … 그것 봐요 … 튜터 활동 열심히 하시더니 … 좋은 일이 생기는군요. 모두모두 추카하여 주시기 바랍니다.

'어린이는 어른의 아버지/바라노니 내 생의 하루하루가/자연 속에 늘 경배로 이어지기를' 윌리엄 워즈워드의 무지개라는 시를 생각하면서 어린 꿈나무들의 마음도 일곱 빛깔 무지개처럼 늘 희망을 잃지 않고 밝은 모습으로 성장하기를 바란다.

보라: 자원봉사와 공동체문화 키우기
서로 돕는데 희망이 있고 공동체가 살아난다.

자원봉사는 진정한 웰빙의 시작
자원봉사는 참 아름다운 이름이고, 자원봉사 하시는 분은 참 으로 현명한 사람이다. 이 사람들은 인생을 어떻게 살아야 하는

지 이미 알고 있다. 나는 자원봉사자들이 현명하기 때문에 모두가 행복할 것이라고 믿는다. 표정 자체가 찌들지 않고 궁하지 않고, 넉넉해 보이는 얼굴 모습이 남을 위해 뭔가를 나눠주고, 힘을 보태주는 생활 속에서 나온 얼굴 표정인 것 같다. 참 고마운 사람들이다.

무지개 프로젝트에서도 자원봉사자들의 역할이 두드러진다. 무지개 지역의 자원봉사 활동을 위해 '무지개 자원봉사단'이 운영되고 있다. 봉사단은 지역주민과 학교 및 기관이나 단체 등과 어울려 지역 거버넌스(governance)를 형성한다. 이는 곧 지역사업을 하는 데 있어서 지역주민의 참여를 유도하고 결속을 강화시킬 수 있다.

무지개 자원봉사단은 무지개 튜터단(3조 150명), 공무원봉사단(20조 200명), 가족봉사단(6조 120가족), 칠색봉사단(400명), 안전봉사단(80명) 등으로 구성되어 있다. 자원봉사 활동은 대전광역시 자원봉사 지원센터에서 수요자 조사를 해서 구별 활동팀을 편성해 지속적이고 효율적인 활동 체계를 구축한다.

무지개 자원봉사는 맞춤식으로 진행된다는 특징이 있다. 중구 문창동에서 혼자 사는 한 할머니는 호흡장애 3급으로 산소마스크에 의지하며 생활을 하고 있었다. 방문을 열고 닫는 것조차 힘들어 하는 할머니를 위해 자원봉사단원들은 문에 자동개

폐장치를 달았다. 이 자원봉사에는 7개 봉사단체 300여 명이 참여해 '7가지 맞춤식 무지개 봉사활동'을 펼쳤다. 주민들의 생활에 도움이 되는 4가지 전문 기술봉사(전기, 가스, 보일러, 건축)와 3가지 복지봉사(밑반찬, 청소, 마사지)를 종합적으로 하는 것이다. 소외계층 주민의 욕구를 사전에 조사해 맞춤식으로 활동하는 것이 특징이다.

특수계층의 아름다운 만남

무지개 프로젝트는 새터민, 장애인, 노인들에게 이 지역의 주인이라는 인식을 심어주면서 활성화되기 시작했다. 지역신문을 발간하고 주민기자들이 마을의 이슈를 찾아다니다 보니 지역공동체에 대한 관심이 생겨났다.

복지관은 사회 적응력이 떨어지기 쉬운 장애인, 새터민, 다문화가정 등에 대해 다양한 프로그램으로 공동체에 대한 인식을 제고시키고 있다. 후천적 중도 장애로 인하여 고통을 겪고 있는 장애인들에게 치료 레크레이션을 통한 가족 내의 역할 정립과 함께 장애아동 부모의 양육 스트레스를 감소시키기 위해

◀ 김장을 준비하는 자원봉사단

장애아동 탁아방을 운영하는 등 다양한 프로그램 개발에도 힘을 쏟고 있다.

새터민들의 결손된 가족의 기능이나 정서적 공동체 의식의 형성도 중요하다. 신규 새터민에게는 지역사회에 맞는 정착지원 사업을 펼친다. 새터민들이 안정적으로 정착을 할 수 없어 반사회적 행위를 도출하면 지역사회 문화에 부정적인 영향을 미치기 마련이다. 다문화 가정의 자아 정체감 형성에도 복지관이 그 역할을 하고 있다.

복지관은 주민조직화 사업을 시작해 순수 민간단체를 만들었다. 판암골 마을신문 기자단이나 '판암골 VJ특공대' 등은 지역 주민의 역량강화를 통해 지역사회 공동체 의식을 갖춘 주민조직이다.

전동 휠체어를 타고 다니며 노인들에게 밑반찬 거리를 배달하는 '팔랑개비 봉사단'은 장애인 모임이다. 이 단체가 펼치는 장애인 인식 개선사업은 곧 지역사회의 인식 개선과 같은 맥락이다.

시각 장애인 모임인 '아름다운 시인', 새터민 모임인 '푸른하늘 봉사단' 등의 단체가 조직돼 지역사회를 위한 봉사를 시작했다. 이들은 모두 '도움 받은 것만큼 도와주자'는 공동 가치를 실현하고 있다. 주민이 중심이 되는 마을가꾸기 사업을 통해 주민들의 만족감이 높아졌다.

또 '무지개 거북이 환경단'도 출발했다. 대암초등학교의 아동 60% 이상이 영세민 자녀들로서 우범화 지역에 노출돼 있다. 복지관 측이 대전시로부터 자전거 100대를 기증받아 환경단원들이 자전거를 타고 다니며 지역 환경을 감시한다. 환경단원들에게 수료증을 주고 버려진 폐식용유를 모아 비누를 만들기도 한다. '판암 사랑하자 네트웍'은 방과후 지역아동센터를 운영함으로써 아동들의 보호막 역할을 할 것이다.

주민 자생단체가 주관하는 지역사업에는 아이가 참여하면서 부모의 참여를 유도한다. 부모의 참여는 이웃 간의 유대를 강화시켜 공동체의 삶에 대한 인식을 심어준다. 부모와 자녀가 모두 지역의 일꾼이 되어 애착심을 갖는 것이다. 더 나아가 인근 지역끼리 어우러지면 가교적 사회자본이 형성된다.

무지개 프로젝트는 주민들의 참여의식을 가속화시켰다고 볼 수 있다. 숙원사업인 정화조 악취제거 사업이 시작됐고 도서관이 들어선다. 이 사업을 바라보는 주민들의 정부 공공기관에 대한 신뢰도 형성됐다. 직접 나서서 노력하니까 동네가 변화한다는 것을 몸으로 체험했다.

지역사회에서 주민조직화는 마치 복지의 비전문 영역처럼 보이지만 환경 변화를 촉매로 주민을 참여시키고 의미를 부여하기 위해서는 주민 자생단체의 존재와 역할이 중요하다. 그 과정에서 지역사회 복지관이 중추적인 역할을 수행하고 있는 것이다.

Part 3

무지개가 뜨는 마을들

무지개 프로젝트의 현장

이방인들이 사는 도심 속의 섬

광복 이후 대전을 크게 변화시킨 것은 6·25한국동란이다. 전란이 일어나자 대전은 북한의 남침이 계속되어 대구로 옮겨질 때까지 임시수도로의 역할을 수행했다. 6·25전란으로 도시 전체가 파괴되었던 대전은 도심 대부분이 파괴돼 판잣집이 즐비했고 북에서 내려온 피란민들이 지금의 달동네를 형성했다.

그후 대전은 전후의 복구와 급속한 인구의 증가로 중부 지방의 행정, 문화, 경제의 중심도시로 발전하기 시작했다. 도시의 확장에 따라 대전을 둘러쌓던 대덕군이 대전으로 편입되고 1988년에는 직할시로 승격되었다. 그리고 1995년 지방자치제의 실시에 따라 대전광역시로 개칭되었다.

대전은 충청남도의 도청소재지로, 그리고 지방자치제 실시 이후에는 광역시로 중부지방의 중핵 도시로 모든 분야에 눈부신 발전을 하였다. 특히 1974년부터 건설하여 자리잡은 대덕연구단지는 한국과학기술의 중심으로 대전이 과학도시로 거듭나게 했다.

또한 1998년에 정부대전청사(통계청·조달청을 비롯한 10개의 정부기관이 이전)가 개청됨으로써 대전은 행정도시로 자리잡았다. 이처럼 눈부신 발전을 거듭한 대전은 우리나라에서 가장 급속하게 성장한 미래경쟁력 1위 도시로 평가받고 있다.

이와는 달리 빈곤의 수렁에서 헤어나지 못하는 달동네 사람들이 있다. 산비탈의 취약지구를 비롯 영구임대아파트 단지가 많은 동네들이다. 영구임대아파트는 전용면적기준으로 26.34㎡(7.9평)에서 42.68㎡(12.9평) 수준이다.

영구임대주택은 소년소녀가장, 편부모 가정, 기초생활수급 대상자 등에게 우선 공급된다. 입주 자격을 보면 국가유공자, 일군위안부, 보호대상 모자가정, 북한이탈주민, 장애인, 65세 이상의 직계존속 부양자 등이다.

정부의 영구임대아파트 보급정책은 초기에는 사회적으로 어려운 계층에게 안정적인 주거공간을 제공한 긍정적인 효과가 적지 않았다. 대전시는 1990년부터 1994년까지 약 4년간에 걸쳐 영구임대아파트 10개 단지에 12,442호가 건립 보급됐다.

그러나 시간이 경과하면서 빈곤층의 인위적 집중화에 따른 슬럼화가 가속화됐고 이로 인해 열악한 교육환경, 복지시설 부족, 지역민간 위화감 조성에 의한 격리현상, 자활의지 퇴색 등 반사회적 문제점들이 노출되기 시작했다. 이런 취약계층이 집단거주하면서 무기력과 빈곤문화의 확산으로 지역사회의 관심권 밖으로 멀어졌다.

한국은 산업화 과정에서 농촌에서 도시로 이주 노동자들이 유입돼 도시 저소득층을 가중시켰다. 1995년 기준으로 인구의 87%가 도시에 거주하면서 문제를 야기시켰다. 빈곤은 소득이 기본욕구를 충족시키기에 불충분할 때 생기는 경제적 박탈이다.

도시 빈곤은 사회적 배제로 연결되면서 고용 영역의 변화를 초래하고 지역사회의 유대관계를 약화시킨다. 빈곤층 저소득층이 몰려 있는 지역에 살면 계급적 격리현상이 생기고 빈곤의 악순환이 이어진다.

남편과 이혼해 독거노인이 된 할머니는 아들이 있지만 오래 전에 헤어져 도움을 받지 못한다. 정부로부터 생계비를 조금 지원받지만 관절염이 악화돼도 약 사먹을 엄두를 못 낸다. 독거노인 중에는 사망한 지 며칠 만에 발견되는 등 극단적 공동체 붕괴 현상이 나타난다.

독거노인이 되는 과정은 대체로 비슷하다. 여자는 아들이 사망 후 며느리가 개가를 하면 홀로 남게 된다. 자녀를 남겨 두고 가면 할머니가 손주들을 키우는 조손 가정이 된다. 남자는 외도를 하거나 사업에 실패 후 이혼을 해도 능력이 있으면 자녀들을 키우고 살지만 성장한 자녀들이 외면하면 독거노인으로 살아갈 운명이 된다.

먹고 살기에 급급하다보니 어린이나 청소년 문제는 뒷전으로 밀려나고 탈선과 가출 등으로 이어진다. 빈곤 가정은 자녀 양육에 어려움이 따르고 이에 따라 사회적 기능이 약화된다. 아동들은 방과 후에도 홀로 보내는 시간이 늘어난다.

저소득층 자녀의 약 80%가 6시간 이상을 홀로 지낸다는 조사 내용도 있다. 취약계층 주민들은 자기 통제력이 약해 알코올 중독자가 많은 편이다. 자활의지 또한 약해 취업활동보다는 정부 지원금에 안주하는 경향이 나타난다.

주민참여형 도시재생사업

2006년 9월 저소득층 밀집도가 가장 높은 동구 판암동이 1단계 시범지역으로 선정되었다. 판암동 주공임대아파트 3단지와 4단지 주민을 대상으로 한 1단계 사업은 31건으로 많은 사업비가 투입되었다.

무지개 프로젝트 자문위원회

구분	분야별	성명	소속 직위	비고
위원장	학계	곽현근(45)	대전대 행정학과 교수	사회자본
위원	"	신희권(46)	충남대 자치행정학과 교수	지방행정
"	"	신창식(45)	대전대 사회복지학과 교수	사회복지행정
"	"	최목화(54)	한남대 아동복지학과 교수	주거환경
"	"	이윤화(39)	목원대 사회복지학과 교수	사회사업학
"	"	유현숙(44)	대전대 동네사회자본연구센터	공공사회복지
"	연구원	임병호(42)	대전발전연구원 도시분야	도시공학
"	사회단체	한기윤(54)	공동모금회 대전시지회 사무국장	
"	"	고혜신(52)	한국지역자활센터협회 대전지부장	목사
"	"	이인학(48)	대전광역시자원봉사지원 센터장	대전보건대교수
"	복지기관	배영길(43)	생명종합복지관 부장	판암2동
"	"	이상도(33)	판암사회복지관 과장	판암1동
"	"	허영명(29)	월평종합사회복지관 팀장	월평2동
"	"	김성재(40)	법동종합사회복지관 부장	법2동
"	주민	이동연(36)	'선한이웃사람들' 대표, 목사	판암2동
"	"	김숙재(50)	월평2동 새마을부녀회장	월평2동
"	"	김현숙(53)	대덕구 여성단체협의회장	법동
"	"	김현채(44)	대동종합사회복지관 관장	대동
"	"	김익현(53)	부사동 주민자치위원회 위원장	문창 부사동

2009년 5월 현재 25건의 사업이 완료됐고 6건이 추진중이다. 판암동이 다른 지역과 달리 공모과정을 거치지 않은 것은 취약계층이 가장 많이 몰린 밀집지역일 뿐 아니라 임대아파트 중 정주환경이 가장 열악하다는 판단에 따른 것이다.

2단계 사업은 2007년 6월 자치구의 공모절차를 통해 월평2동과 법동의 영구임대아파트 단지가 선정됐다. 월평2동의 경우 20 건의 사업에 15건이 완료되었다. 월평2동이 상대적으로 적은 예산이 투입된 것은 임대아파트라도 다른 지역에 비해 주거환경이 좋았기 때문이다. 법동은 36건의 사업에 27건이 완료됐다.

3단계 무지개 프로젝트는 2008년 9월 자치구 공모를 통해 동구 대동과 중구 문창동, 부사동 지역이 선정됐다. 이 지역은 임대아파트 지역이 아닌 일반주택으로 대표적 취약계층인 달동네에 해당된다. 무지개 프로젝트의 총 사업량은 5개 지역 140개 사업으로 선택과 집중 전략이 최대한의 효과를 낳을 것이다.

무지개 프로젝트 사업이 출범하면서 자문위원회(위원장 곽현근 대전대학교 행정학부 교수)를 구성하여 정기적으로 위원회를 개최해오고 있다. 자문위원회는 학계 6명, 사회복지공동모금회 대전시지회 등 사회단체 4명, 생명종합사회복지관 부장 등 복지기관 종사자 6명, 일반 주민 3명 등 총 19명으로 구성되어 있다.

무지개 프로젝트의 성공 여부가 주민들에게 달려 있는 만큼 진행과정을 통해 주민설명회, 자생단체 간담회, 무지개 축제 등 수차례에 걸친 대민접촉이 이루어졌다. 이 과정을 통해 주민들의 의견을 수렴하고 참여도를 높이면서 지역공동체 복원을 위한 다양한 노력들을 기울여왔다.

| 판암동 |

슬럼가로 변한 판암동

판암동板岩洞의 옛 이름은 너더리 또는 판교板橋라고 했다. 너더리란 널다리가 변해서 생긴 말인데 대전—옥천 간 국도변에 있는 은혜주택 옆에 널빤지로 다리를 놓아 소제천(대동천)을 건너다녔다. 그래서 생긴 이름이 널다리 동네이고 그것이 널다리→너더리로 변했다. 조선조의 기록은 모두 한자에 의존했으므로 너더리, 문자로는 판교리라고 했다.

판암동 지역은 국도 및 경부철도가 관통하며 판암 IC가 있는 대전의 관문이라 할 수 있다. 또 지하철 1호선의 기점이 되는 곳이기도 하다. 1992년 영구임대아파트의 입지로 인구가 늘어나면서 저소득층 밀집도가 대전에서 가장 높은 곳이다.

판암1동에 아파트 1,2,3단지가 있으며 3단지가 임대아파트 지역이다. 판암2동에는 4,5,6단지가 있으며 이 중 4단지가 빈곤층이 몰려 있는 영구임대아파트 단지다. 판암2동은 인구 1만 3천여 명에 5천 700여 세대가 거주하며 이 중 5천여 세대가 아파트 거주민들이다. 이 중 4단지 아파트에 2천 700세대가 몰려 있다. 일부 언론이 '깊어지는 빈곤의 수렁, 4단지 사람들'을 기획으로 다룰 만큼 4단지는 빈곤과 좌절의 그늘이 깊은 곳이었다.

판암동 옛모습

　4단지는 저소득 대상자가 인구 비례 44%나 되며 기초생활수급자가 전체 세대 기준으로 29%에 해당할 정도로 빈곤층 집단 거주 지역이다. 기초생활수급자가 2천 700여 명이며 장애인 1천 300여 명, 기초노령연금수급자가 1천 600여 명, 모자 부자 가정이 43세대 112명, 65세 이상 노인 인구가 1천 800여 명이나 된다. 독거 가정도 550여 세대를 이루고 있다.

　판암2동은 대전시 전체 인구로 볼 때 1%도 안 되지만 수급자는 5.7%나 된다. 판암2동 4단지 임대아파트의 세대 중 절반 이상이 수급자들이다. 입주대기자 수는 400여 세대로 이런 추세라면 이 단지 주민 모두 수급자가 될 수도 있을 것이다. 판암2동 전체 거주민의 반 이상이 정부의 도움을 필요로 하는 계층이라는 조사 결과도 나왔다. 차상위 계층도 빈곤에 허덕이는 것은 마찬가지다.

복지 수요는 증가하지만 공급은 항상 밑도는 수준이어서 주변에 영향을 끼칠 수밖에 없다. 이 지역에서는 출·퇴근 시간에 사람 보기가 어렵다고 할 정도로 경제활동 인구가 희박하다. 차상위 계층의 주민들은 기회만 되면 자녀들을 데리고 이 동네를 떠나버린다. 자녀가 없는 빈곤층이 유입될수록 학교 학생수는 더 줄어든다.

희망 없는 인생의 비애

빈곤층이 유입되면 사회적 서비스가 열악해지고 동네 상권이 죽어버린다. 판암동 4단지 지역은 입주 10년 만에 기초생활수급자가 800세대에서 1천 600세대로 두 배 가량 증가했다. 그런데도 초등학교 학생수는 급감했다. 은행출장소가 문을 닫고 중국식당이 파리를 날렸다.

경기가 침체하고 살기 어려운 동네가 되면 인구가 감소한다. 남아 있는 사람들이 지역에 대해 애향심을 갖기 어렵다. 어디 사느냐고 물으면 말을 얼버무리기 십상이다. 택시기사들도 이런 동네에는 가길 꺼린다. 주변의 상위 계층 주민들은 이 아파트 단지에 사는 주민들을 먼 나라 사람쯤으로 여긴다.

매월 정부지원금만으로 생계를 꾸려가는 장애인 가족은 절망의 구렁텅이에서 헤어나지 못한다. 부인은 정신장애, 아들은 정신지체로 고통 받는 가정도 있다. 생계비에서 이것저것 떼고 나면 남는 것이 없다. 인체의 손상은 능력의 장애를 초래하고 사회적으로 불리한 약자가 되어 취약계층으로 전락한다. 주택이나 도로 등의 물리적 환경은 장애인들에게 불편함과 함께 사회적 불리로 연결되어 소외감을 유발한다.

밥을 굶는 아이들이 수두룩해도 누구 하나 관심을 보이지도 않는다. 나눔의 정이 메마른 지역은 소통마저 막혀 버렸다. 정부 보조금을 타는 매월 20일이 되면 동네 곳곳에는 소주병을 들고 이리저리 방황하는 사람들을 쉽게 볼 수 있었다. 끼니도 거르면서 폐품을 수집해 겨우 입에 풀칠하며 사는 노인들은 생활고에 지쳐 인생의 황혼이 더욱 한스럽기만 하다. 장애인이나 새터민들은 일을 하고 싶어도 편견에 갇혀 기회가 주어지지 않는다. 이런 취약 계층이 집단 거주하는 지역은 도심 속의 섬을 연상시킨다.

어느 여름날 밤 나는 혼자 이 동네를 찾았다. 아파트 상가 앞 거리는 알코올 중독자들이 무릴 지어 다녔고, 깨진 유리창은 영락없는 슬럼가를 연상시켰다. 아파트 내부뿐 아니라 아파트 외부의 배수관을 타고 악취가 진동했다. 아파트 정화조의 시설 노후와 하수관이 도랑을 따라 대동천 상류인 판암천까지만 설치돼 악취가 하수도로 역류해 동네 전체가 코를 막아야할 지경이었다.

29.7m²(9평) 아파트에 사는 청소년들은 꿈을 잃은 채 방황하는 삶을 살았다. 공부를 하고 싶어도 열악한 환경으로 인해 학습에 열중하기가 어려웠다. 아버지는 술에 취해 들어와 고함을 질렀고 어머니는 일용직 근로자로 밤늦게 귀가했다.

조손 가정이나 편부모 슬하에 자라는 아이들은 더 말할 것도 없었다. 장애인들은 불편한 주거환경으로 인해 고통이 가중되었다. 독거노인이나 장애인, 새터민들은 현실에 적응하지 못해 한숨으로 하루하루를 보내야 했다. 모두들 마음에 빗장을 걸고 이웃 주민들과의 소통이 막혀 버렸다.

격리감 느끼는 주민들

무지개 프로젝트가 실시되기 전에는 이처럼 물리적 무질서의 상황이 벌어졌다. 사회적 소외와 격리감은 주민들에게 삶의 의욕을 떨어뜨려 무기력한 일상이 계속됐다. 주민들은 너나 할 것 없이 모여 앉으면 신세타령을 했다.

"내가 어쩌다 여기까지 왔나."

그들에게 이 거주지는 안락한 삶의 터전이 아니라 하루하루 오기와 냉소가 가득한 채 자기 모멸의 삶을 이어가는 비극적 무대에 불과했다. 어쩌다 여건이 좋아져 이삿짐을 꾸려 나가는 사람들은 잿빛 수렁에서 탈출이라도 하듯 뒤도 돌아보지도 않고 빠져 나갔다. 빈 집이 생기면 점점 더 열악한 처지의 사람들이 짐보따리를 들고 들어왔다. 주민들은 누가 들어오고 누가 나가든지 별 관심이 없었다. 전통적인 공동체 범위에서 주고받는 일상적 대화나 소통의 의식을 기대하기 어려운 동네였다.

그들이 기댈 곳은 복지관이나 동사무소 같은 일선 행정기관이었지만 그들이 요구하는 복지 수요를 감당하기에는 무리였다. 불만 가득한 주민이 흉기를 들고 동사무소에 나타나 폭언을 해대면 직원들은 달아나기에 바빴다. 그 주민은 직원이 벗어 놓은 옷을 입고는 사라졌다. 경찰서에 신고를 해봤자 '골치 덩어리'라며 훈계 몇 마디하고 돌려보냈다. 희망 없는 인생에게 이웃에 대한 배려나 순리적인 대화를 요구하는 것도 무리였다.

기초생활수급자인 한 할머니는 알코올 중독자 아들과 함께 산다. 매달 생계지원비를 받는 날이면 아들이 외상 술값을 갚느라 빼앗아가기 때문에 관리비를 제대로 못 낼 처지다. 또 다른 할머니는 한 푼 벌지 못하는데 기초생활수급 조건이 되지 않아 지원금을 못 받는 경우도 있다. 아들이 있긴 하지만 부양을 받지 못하는 처지다. 아들이 있어도 빈곤에 허덕이는 독거노인도 있다. 일선 공무원이 그 아들을 찾아 사정을 호소하면 "아버지는 내 어릴 때 바람나서 나를 버렸는데 이제 와서 어쩌란 말이냐"는 냉정한 답이 들려온다. 그 아버지는 차마 그런 아들이 있다는 말을 못 꺼낸다. 이럴 때 담당 공무원은 벙어리 냉가슴 앓듯 한다.

독거노인들은 식사 문제가 가장 고민거리다. 주말이면 혼자 끼니를 때운다. 김치나 간장으로 허기를 면하는 경우가 많다. 주변에 아무도 없는 것이 큰 두려움이다. 한 노인은 사망 후 1주일 만에 발견되기도 했다. 노인들은 혼자 생활하다 쓸쓸하게 죽은 후 한참 만에 발견되지 않을까 두려움에 떨기도 한다.

무지개 프로젝트 1단계 추진 방향

무지개 프로젝트는 단기적으로 생활시설 개선과 생산적 복지 프로그램 활성화로 쾌적한 정주환경 조성, 어려운 이웃의 자활 의욕 증대 등을 목표로 하고 있다. 장기적으로는 성과의 확산으로 모두가 더불어 잘 사는 지역사회 공동체를 만드는 것이다.

무지개 프로젝트는 2006년 9월 동구 판암동을 1단계 시범 지역으로 실시됐다. 판암1동의 3단지 영구임대아파트 지역과 판암2동의 4단지 영구임대아파트 지역이 주 대상 지역이다. 이 지역에 대해 주거환경을 개선하고 교육여건을 조성시키고 주민들의 자활 능력을 배양한다는 것이 이 사업의 주골자였다.

나는 이 사업의 추진을 앞두고 사업설명회 및 공청화를 하여 수차례 주민과의 현장대화를 시도했다. 나는 5개 구청들과의 간담회를 통해 무지개 프로젝트를 소개하고 지원을 당부했다. 동년 10월에는 판암동 종합복지관에서 지역주민, 시 구의원 등이 참석한 가운데 판암동 무지개 프로젝트 사업을 발표했다.

동구포럼을 통해 '무지개 마을만들기 주민모임'을 통해 영구 임대아파트 단지의 도시 슬럼화 확산 방지 방안에 대해 의견을 모았다. 주민들은 이런 문제를 극복하기 위해 마을신문을 만들

무지개 프로젝트 추진을 위한 주민설명회

어 여론을 조성했고 주민 서명운동, 사회질서 캠페인 등을 펼쳤다. 주민모임은 대전시가 무지개 프로젝트를 추진하는 과정에서 의견 수렴뿐 아니라 하의상달의 민주적 참여제도를 정착시킬 수 있는 풀뿌리 운동이었다.

2007년 2월에는 판암동 동신중학교에서 무지개 프로젝트의 성공적인 추진을 위한 '주민과의 포럼'이 열렸다. 대전시와 대전대가 공동 주최한 이 포럼에서 주민들은 판암동이 구태를 벗고 새롭고 따뜻한 동네로 거듭나기 위해 다양한 제안을 내놓았다. 이 포럼을 통해 무지개 프로젝트가 관 주도의 선심 행정이 아니라 민과 관이 파트너가 되어 함께 좋은 동네만들기를 이끌어갈 수 있다는 확신을 심어 주었다.

살기 좋은 동네가꾸기 사업

판암동 무지개 프로젝트 사업은 7대 과제 29개 단위사업으로 세분화된다. 7대 과제는 청소년 교육 학습여건 개선, 어려운 이웃 자활지원, 아파트단지 주거환경 개선, 근린공원 및 생활체육시설 확충, 문화 향유 프로그램 개발, 지역도로 및 교통시설 정비, 판암동 활력화 사업 등이다.

우선 주민들의 요구에 따라 정주환경 개선작업부터 시작했다. 운동시설을 설치하고 군데군데 보안등을 설치해 밤만 되면 우범지역의 이미지를 탈피했다. 깨진 보도블록을 교체하고 주차장을 확보했고 장애인 이동 통로를 만들었다.

아파트 4단지 앞 보도 340m에 이르는 거리에 '무지개 스타거리'를 조성해 신승훈, 권상우, 구대성, 한은정, 김덕수 등 대전 출신 연예인 및 스포츠 스타 10여 명의 핸드 프린팅을 설치했다. 이런 조형물을 통해 청소년들에게 꿈과 희망의 메시지를 전달하고 싶었다.

판암동에는 대암초등교와 판암초등교, 동신중학교 등 3개의 학교가 있다. 이들 학교에 다니는 청소년들의 교육 여건을 개선하기 위해서 학교 시설 개보수를 지원하기로 했다. 판암도서관의 기능을 보완하기 위해 디지털 미디어 자료실을 구축해서 어학실을 갖추었다. 판암초등학교에도 도서실과 장애우 학습실, 치료실을 설치하고 인조 잔디구장을 만들었다. 대암초등학교에는 담장을 교체하고 운동장에 우레탄 트랙을 깔았다.

주민들의 자활지원을 위해 다양한 프로그램이 가동됐다. 알코올 상담센터를 설치하고 상담원을 배치했다. 독거노인에게는 지도사를 파견하고 저소득층 노인의 무료급식을 주 5일에서 주 7일로 늘렸다. 무료급식을 받는 노인들 중에는 하루 한 끼로 지내는 사람이 많기 때문이다. 주말에는 관계 기관의 직원이나 자원봉사자들이 나오지 않아 이틀을 굶기가 예사였다.

새터민에 대한 정착 지원도 포함시켰다. 단지내 환경 정비를 위해 꽃과 나무를 심고 청소를 자주 하도록 해 외관상 아파트 단지가 일반 아파트와 다름없게 보이도록 했다. 또 마을신문을 발간해 주민들이 기자가 되어 동네 소식을 알려 공동체 구성원으로서의 자부심을 심어주도록 했다. 공부방이 없는 청소년들을 위해 학교에 공부방을 설치해 방과후 수업을 시작했다. 학원 다닐 엄두를 못내는 청소년들에게 시 공무원들로 구성된 튜터제를 실시했다.

신규사업으로 판암2동의 동신중학교에 가사실습실을 리모델링해 지역 여성들을 대상으로 조리사 교육을 시켰다. 조리사 자격증을 따면 교육청과 연계해 학교 급식요원으로 채용해 나가기로 했다.

희망을 쏘아올린 행복 전도사

무지개 프로젝트가 실시된 지 1년이 지나자 열악한 주거환경이 개선됐다. 낡은 건물을 도색하고 낙서를 지우고 파괴된 기물을 수리해 물리적 외양이 눈에 띄게 달라졌다. 움푹 파인 도로가 정비되고 교통안전시설이 확충되고 근린공원이 조성되어 평온한 삶터의 모습을 갖추어 나갔다. 이런 물리적 변화는 동네 무질서를 바로잡는 역할을 했고 주민들에게 삶에 대한 긍정적인 가치관을 조성했다.

무지개 프로젝트가 지향하는 것은 바로 이런 점이다. 물리적 환경개선만을 목표로 사업을 시행하고 끝냈다면 또 다시 건물과 주변 환경의 노후화는 시간문제다. 주민들은 전시행정에 대해 비판적인 시각으로 마음의 문을 열지 않았을 것이다.

기초생활수급자가 많은 동네는 한마디로 도움을 받기만 하는 동네다. 무지개 프로젝트라는 따뜻한 도시재생사업은 주민들에게 '우리도 어렵지만 다른 동네 가서 자원봉사하자'라는 적극적인 의사와 행동으로 나타났다. 수혜 대상자로서 어려움을 극복하고 감사의 뜻을 전달하는 주민들이 나타나기 시작했다.

동네가 바뀌자 사람들의 인성과 태도에도 변화가 생겼다. 판암2동은 주민자치위원회를 비롯하여 10개의 자생단체가 생겨나 베풂과 나눔의 상생적 가치를 담은 각종 행사들이 줄을 이었다.

마을가꾸기에 대한 열정은 마을 전체에 나무를 심고 꽃을 가꾸는 마음으로 상승돼 주민들 간의 이질감이 사라지고 자긍심이 배양되었다.

무지개 프로젝트가 성과를 거둘 수 있었던 이면에는 지역 주민들의 협조와 함께 동사무소나 복지관을 비롯하여 지역내 지도자들의 역할을 무시할 수 없다. 특히 판암2동의 김옥희 동장은 무지개 프로젝트의 전도사 역할을 톡톡히 했다. 김 동장은 부여에서 공직을 시작해 주로 복지업무를 담당하다 2007년 11월 동장에 부임했다.

"무지개 프로젝트 실시 이후 장애우들의 활동이 가장 인상적이었어요. 보행로에 점자 유도블록을 설치했기 때문이죠. 지체장애우가 시각장애인을 데리고 동네를 활보하는 모습을 보고 가슴이 뭉클했지요. 4단지에 많은 가로등을 설치해 밤늦게 귀가하는 사람들도 하루의 피로가 풀리는 느낌이었을 겁니다. 환경이 개선되고 나서 주민들이 마음의 상처가 치유됐다고 봅니다."

달동네로 소문난 판암동은 남자 동장도 부임을 꺼려할 정도로 민원이 많고 주민들과의 갈등이 많았다. 김 동장이 부임해 오자 얼마나 버틸 지 의구심을 갖는 사람도 있었다. 인생의 패배의식에 젖은 주민들이 무작정 찾아와 욕설과 폭력을 행사하는 바람에 그녀는 스트레스로 병원에 입원하기도 했다. 김 동장은 무엇보다 주민과의 화합이 중요하다고 판단했다. 그 계기를 만든 것이 무지개 프로젝트였다.

가슴으로 다가가는 주민 행정

하루의 생계를 걱정하고 불확실한 미래를 살아가느라 실의에 빠져 있던 주민들이 언제부터인가 희망을 이야기하고 지역 발전을 위해 화합의 장을 만들기 시작했다. 김 동장의 일선 행정은 주민들에게 다가갈 때 머리를 내세우는 것이 아니라 따뜻한 가슴으로 대하는 스타일이다. 복지행정의 공무원은 주민 참여를 유도하기 위해 머리를 이해시키는 말보다 가슴을 움직이는 말을 할 수 있어야 한다.

고대 로마의 정치가 키케로가 연설을 하자 청중이 갈채와 환호를 보냈다. 이어 데모스테네스가 연설을 마치자 사람들은 조용히 움직이기 시작했다. 가슴을 움직이는 연설은 사람들의 마음을 울려서 행동하게 만드는 힘이 있다. 아리스토텔레스는 수

무지개마을찬가를 부르는 합창단

사학의 3요소로 에토스, 파토스, 로고스로 설명했다. 로고스가 논리적인 근거로 사람들의 마음을 이해시킨다면 에토스와 파토스는 감성적인 요소들로 사람들의 가슴을 움직이게 한다. 무지개 프로젝트를 추진한 공무원들은 이 세 가지를 모두 갖춘 공무원들이었다.

저소득층이 밀집한 취약지역의 주민들은 자신들의 삶에 영향을 끼치는 주요한 결정과정에서 소외를 경험한다. 누적된 소외의식은 무기력과 사회적 폐쇄성으로 나타난다. 다른 한편으로는 반사회적 폭력과 언어 행위로 나타난다. 이것이 그들만의 독특한 문화 현상이다. 이런 사람들에게 기초생활수급비를 지원하는 정도로 문제를 덮어둘 수는 없다. 무지개 프로젝트는 취약층 주민들에게 '남들이 우리 삶에 관심을 가진다' 혹은 '누군가 우리에게 온정을 베푼다'는 인식과 함께 삶에 대한 긍정적 가치관을 심어 주었다.

판암2동은 주거환경 개선이나 청소년의 교육 여건 개선, 자활능력 배양, 공동체 복원 등에 걸쳐 다양한 사업을 전개했다. 모든 사업은 주민과의 단합과 유대감 조성을 위해 축제형식을 동원했다.

2008년 3월에 있었던 '무지개 봄꽃 식재' 행사에서는 기초생활수급자 밀집지역인 주공아파트 4단지 내에 꽃나무 6천여 주를 심었다. 주민과 자원봉사자가 함께 어울려 화합과 나눔이라는 공동체의 가치를 확인하면서 건강한 삶터 가꾸기에 그 목적을 두었다. 주민들은 꽃나무가 환하게 피어올라 어우러질 모습을 그리며 희망의 화단가꾸기에 온 정성을 쏟았다. 이 행사 2부는 가수를 초청해 떡과 음료를 나누어 먹으면서 자연스럽게 화합의 분위기를 조성해 나갔다. 누군가 '판암골 무지개마을찬가'를 만들어 웃음 가득한 얼굴로 노래를 불렀다.

대전시가 축복한 무지개마을/자녀교육 생활환경 꽃단장하니/희망으로 부지런히 힘써 일하며/긍지갖고 알콩달콩 살아갑니다

2009년 식목일 행사에는 동주민센터를 비롯하여 자생단체, 주민, 학생, 복지관 등 여러 단체에서 참여해 많은 주민들이 모였다. 이날 역시 오후에는 체육대회와 어울림 마당을 펼쳐 주민들간의 화합을 도모했다.

또 마을가꾸기 클린데이는 자생단체 주민들이 자발적으로 참여해 마을을 대청소 하는 날이다. 주민이 주도적으로 참여하고 개최하는 주민 위주의 행사로 주민자치 역량 강화와 주민 통합에 목적을 두고 있다.

연극 '무지개 마을의 행복'

도시는 거리 모습과 경관에 변화를 줌으로써 커뮤니티의 활성화를 추구한다. 여기서 중요하게 부각되는 것은 도시의 구조보다 지역주민들의 생각이다. 사람과 사람의 상호작용을 통해 새로운 활력을 창조하는 일이 공동체 복원의 으뜸 요소라 할 수 있다.

정부나 지방자치체의 행정기관이 예산과 노력으로 도시를 관리함에 따라 도시는 근대화되었지만 지역 구성원들까지 생각의 보폭을 같이 맞추는 것은 아니다. 도시가 만들어져도 공동체문화가 지향하는 사회 안전망이 붕괴되던 지역 구성원 간에는 이질화가 초래된다. 결국 공동체가 품고 있는 전통적 사회자본의 상실로 이어지고 반사회적 문제를 야기시킨다.

영구임대아파트라는 산업화 시대의 산물이 취약계층의 집합화와 함께 주변 거주지와의 사회적 혼합(social mixing)을 노렸지만 이것은 그렇게 오래 가지 않았다. 빈부 격차가 만든 양극화 현상은 취약지역을 도심 속의 섬으로 전락시켰다. 가족제도는 일반적인 핵가족의 범위에서도 설명하기 힘든 다양성과 취약성을 드러낸다.

조손 가정, 편부모 가정, 독거노인 등이 사회적 배제로 인해 힘든 삶을 영위하고 있다. 사회적 배제로 인해 소외계층이 갖는

판암골 무지개 희망나눔 잔치

상처는 의외로 클 수 있다. 따라서 소외감도 일시적 장애라고
주장하는 사람도 있다. 마음의 상처가 있는 사람은 쉬 마음의
문을 열지 않는다. 행정기관이 환경을 개선시키면 지역 자치단
체와 지도자들이 중심이 되어 화합의 장을 만들어야 한다.

　판암동에는 무지개 프로젝트가 시행된 후 주민 중심의 모임
이 많아졌다. 자생단체들이 주민들의 연령과 사회적 지위와 무
관하게 지역문제의 공동관심사를 부각시켜 참가자들의 생각과
소망을 이끌어내기 위한 것이다.

　사소해 보이는 행사라도 마음이 닫힌 사람들에게는 나름대로

영향을 미칠 수 있다. 판암동에서 지역 지도자들이 주민을 대상으로 웃음치료, 레크레이션, 이웃 만들기 등의 프로그램으로 주민에게 다가가는 것은 소통을 위한 것이다. 노래교실을 운영해 발표할 기회를 얻은 주민은 자랑거리가 생긴다. 공연 무대에서 배우 역할을 했던 주민은 주인 의식을 갖는다.

무지개 프로젝트는 주민들의 소망을 이끌어내는 촉매제 역할을 하고 있다. 상명하달의 지시를 받는 입장이 아니라 주민이 주도할 수 있는 매개자의 역할을 하는 것이다. 그리하여 주민들의 주체성을 키워주고 커뮤니케이션이 이루어지는 곳에 공동체 문화가 살아날 수 있을 것이다.

시가 계획을 구체화해서 조직을 가동하고 예산을 편성해서 시설을 설치해 주민들에게 혜택이 돌아가게 하는 인큐베이터라면, 지역 지도자들은 공동체의 이해를 바탕으로 주민과의 조화를 꿈꾸는 코디네이터라고 할 수 있다.

판암동 주민센터나 복지관 또는 자생단체들이 주관으로 펼치는 사업은 모두 주민 화합을 위한 행사들이다. 나눔과 베품을 통해 이웃에게 더 가깝게 다가가자는 의도다. '무지개마을 엿보기 주민화합 윷놀이 한마당'도 그런 행사의 하나다.

흥겨운 동네잔치처럼 화기애애한 분위기에서 열린 행사는 이웃 간의 정을 확인하는 화합의 장이 되는 것이다. 민병욱 자치위원장은 "이번 행사를 계기로 판암골 주민이 하나가 되고 무지개 마을을 이끌어가는 주인공으로서 자긍심과 자신감을 가지게 되었다."고 말한다.

또 '행복이 머무는 무지개 희망나눔 잔치'도 주민 주도 하에 무지개 사업이 지속적으로 추진되도록 하는 행사다. 행사 프로그램에는 노인, 장애인, 새터민, 다문화 가정 등 사회적 소외를 쉽게 느낄 수 있는 계층을 포함시켜 그들의 목소리를 대변하고자 했다. 이 행사에서 소개된 무지개 봉사단 역시 주민참여를 조직화하고 시스템화 하기 위한 자생 단체다.

주민들이 주인공이 되다

2009년 5월 주민센터 주최로 동신중학교 강당에서 열린 '판암골 무지개 희망나눔 잔치'는 무지개 프로젝트의 추진 성과를 연극으로 재현하여 주민들에게 자긍심과 희망을 심어주기 위한 행사였다.

연극을 통해 지역의 문제점을 드러내고 공감대를 나눔으로 지역공동체의 최대공약수를 찾아보자는 의도다. 이 공연에 무지개 사업을 추진하면서 주민들이 자발적으로 구성한 판암동 예술단 등 지역 주민 250여 명이 출연했다. 무대에 선 주민들은 진짜 배우가 된 양 맘껏 뽐내며 자기 이야기를 했다.

'무지개 마을의 행복'이라는 연극 공연을 위해 지역 9개 봉사 단체, 주민자치센터 오카리나 교실회원, 파나미 노래교실 회원 등이 한 달 전부터 연극을 준비하는 열성을 보였다. 실의에 빠져 지내던 몇 년 전과 비교하면 격세지감을 느끼게 하는 자리였다. 연극은 무지개 프로젝트 사업을 통해 변화된 판암동의 모습을 확인하고 주민들이 서로 도와 행복하고 살기 좋은 동네를 만들어 가자는 내용이었다.

　무지개 프로젝트가 지향하는 공동체 복원이란 차원에서 주목할 만한 이벤트는 단연 지역주민과 교사들이 연출한 화합의 마당이다. 판암동에는 초등학교 2개, 중학교 1개가 있다. 판암초

스승의 날 행사

등교가 1천 명 남짓한 학생수에 교직원이 가장 많고 대암초등교 500여 명에 교직원 40여 명이다. 판암 주공 4단지에 위치한 대암초등교는 학생수가 많이 줄어들었다. 동신중학교는 560여 명에 교직원 50여 명이다.

이 지역 학교 교사들은 대부분 기피지역 발령으로 인해 사기가 위축되어 있었다. 삶에 희망을 잃은 아이들에게 학습의욕이 날 리 없었다. 교사들은 틈만 나면 다른 학교로 부임하기를 기대하고 있었다. 지역주민들이 2008년 5월 스승의 날을 맞아 '감사 이벤트'를 펼쳤다.

"우리 자녀들의 선생님이 사기를 높이고, 자부심이 고취되도록 스승 존경운동을 전개합시다."

주민들은 2개조로 나뉘어 대암초등교와 동신중학교로 배치됐다. 이 행사에는 10개 자생단체가 모두 참가해 화기애애한 모습을 보여주었다.

선생님들의 출근길에 주민 100여 명이 늘어서서 스승의 날 축하행사를 펼쳤다. 주민들은 교사들의 가슴에 감사의 카네이션을 달아주면서 함께 '스승의 은혜'를 불렀다. 교사들은 의외의 행사에 놀라는 눈빛이었지만 이내 주민들의 진심을 읽었다. 이 행사는 학부모와 이웃 주민들이 마련한 진정한 마음의 표현이었다. 주민들은 준비해 간 감사의 떡을 전달했다.

이 행사에 소요된 카네이션, 플래카드, 떡, 대형 화분 등의 경비는 모두 주민 자생단체에서 부담했다. 무지개 프로젝트는 지역 주민과 학교 사회의 소통과 나눔을 통해 구태를 벗고 새로운 동네만들기의 구체성을 보여준 사례였다.

기초생활수급자의 불우이웃돕기 성금

김옥희 동장이 무지개 프로젝트로 변화된 마을과 주민들의 모습에 대해 「판암골 무지개 마을에 피는 희망의 소리」라는 글을 적었다.

나는 처음에 사회복지직 동장으로서 이 지역에 발령받은 후 심한 스트레스에 시달려 후회와 눈물을 흘리기도 했다. 한 주민은 '아들이 빚을 졌는데 땅을 팔아달라'며 욕설과 폭언을 퍼부었다. 무지개 프로젝트로 이 동네에 수백억 원을 투자해 봤자 밑 빠진 독에 물붓기라는 생각이 들었다.

그러나 무지개 프로젝트가 진행되면서 주민들이 희망을 갖기 시작했다. 한 가지 꺼림칙한 것은 날씨가 흐릴 때 마다 동네에 악취가 풍겨 고민이 이만저만 아니었다. 그런데 시에서 악취 문제를 무지개 프로젝트와 연계하여 깨끗한 환경을 만들어준다는 계획을 알고 마음을 놓았다.

봄 내음이 가득하고 아지랑이 피어오르던 3월의 어느 날 아침, 내가 출

불우이웃돕기 성금을 낸 이종식 이순남 씨 부부.

근하자마자 동장실의 문을 열고 들어서는 노부부가 있었다. 남편이 잘 걷지도 못하는 부인을 부축해 들어오기에 자리에 앉혔다. 부인은 5년 전 교통사고로 몸을 잘 가누지 못하고 말도 못하는 처지가 됐다. 사연을 들어보니 큰아들은 어머니 교통사고 합의금을 가지고 행방불명됐고 작은 아들은 중복장애인이라 시설에 입소시켰다고 한다. 그런데 남편이 꼬깃꼬깃한 봉투를 내밀었다.

"동장님, 다름이 아니옵고 우리는 기초생활수급자인데 이웃 사람들이 많이 도와줍니다. 반찬도 해오고 말벗도 되어주는데 저희만 사랑을 받을 수 없어 매월 수급비에서 1만 7,000원을 저축해 10만 원을 모았습니다. 나보다 더 어려운 사람에게 써 주십시오"

가슴이 뜨거움을 느꼈다. 그 남편은 자신처럼 어려운 사람을 돌봐준 이웃의 사랑에 감사한다고 했다. 그리고 평생을 아내를 위해 운동시키고 빨래하고 대소변을 받아주며 살겠다고 했다. 남편은 눈시울을 적시면서 동공에 초점 없이 앉아있는 부인을 부축한 채 사무실을 나갔다. 그분은 매달 생계지원비 58만 원을 지급받아 임대료와 관리비를 비롯하여 기초생활비를 제외하면 남은 게 없을 것이다. 그분들의 뒷모습을 한없이 쳐다봤다.

며칠 전에도 또 다른 기초생활수급자가 2년 동안 수급비 일부를 저축했다며 50만 원을 기탁해 동사무소 직원들을 감동시켰다. 그런 분들이 바로 무지개 마을을 만들어 가는 사람들이다. 우리 동네는 전국에서 가장 서러울 정도로 각박한 마을이지만 사람들의 마음을 아름답게 바꿔 놓은 것은 희망의 무지개가 떴기 때문이다.

판암골 사람들은 '우리 마을이 천국같이 됐다'는 말을 한다. 평소에는 말 한 마디 하지 않던 사람들이 당당하게 자기를 표현한다. 마음이 포근해지면서 작은 것이라도 서로 나누고 돕는 마음들이 이어지고 있다. 무엇보다 이웃 간 대화가 활발해졌다.

알코올 중독으로 약을 먹고 삶을 포기하려고 했던 한 주민은 오카리나 악기 연주를 배운 후부터 술을 끊었다. 이분은 마을 축제에 단골 연주자로 참여해 연주 실력을 뽐내 마을에서 알아주는 사람이 됐다. 그는 더 이상 좌절하지 않고 자신의 삶을 개척하고 있다.

설 전에는 10개 자생단체장들이 서로 협력하여 300여 명의 어르신들에게 떡국과 선물, 레크레이션을 준비하여 외로움을 달래 주었다. 또 정월 대보름에는 무지개 마을의 한 해 결산을 하며 행복과 화합을 다지는 주민 윷놀이를 개최했다. 400여 명의 단체회원들이 웃음잔치를 벌여 도심지 아파트에서 흔히 볼 수 없는 장면을 보여주었다. 윷놀이 대회에서

1,2등 한 단체는 상금을 받아 곧장 자신들보다 더 어려운 이웃을 돕는 장학금으로 내놓았다.

시각장애인이 부는 희망의 오카리나

손문영(60) 씨는 2002년 영구임대아파트에 입주했다. 이사 오던 날 친구들을 만나보니 모두 알코올 중독자들이었다. 몸에 장애가 찾아오고 가정은 파탄나 의지할 곳이 없었다. 아파트 주변의 정자는 모두 알코올 중독자 차지였다고 한다.

손 씨는 실명으로 인한 좌절 끝에 농약을 먹고 자살을 기도했으나 죽지 않고 고통만 가중됐다. 우연한 기회에 그는 무지개 프로젝트 프로그램 중 오카리나 연주를 배워 축제 때 마다 초청받는 유명인사가 됐다. 그가 수기를 통해 자신의 심정을 밝혔다.

젊은 시절 노동판에서 보조로 일하다가 이왕이면 최고의 목공기술자가 되고자 꿈을 키웠습니다. 노동판이 그렇듯이 술 마시는 일이 많았습니다. 술 탓인지 유전인지 30대 초반에 갑자기 당뇨가 찾아왔습니다. 먼저 다리가 약간 마비되는 증상이 나타났습니다. 생에 대한 분노와 절망으로 술을 더 많이 마시게 되었습니다. 낮에는 노동을 하고 밤에는 술로 살았습니다. 지나친 술 때문에 2000년 경 시신경 녹내장이라는 진단을 받게 되었습니다. 시각장애 4급 판정을 받고 얼마 지나지 않아 시각장애 2급 판정을 받았습니다. 의사 선생님께서는 수술은 할 수 없으며 언젠가는 실명될 것이니 마음의 준비를 하라고 했습니다.

시력을 잃어가면서 일자리도 잃었습니다. 가족

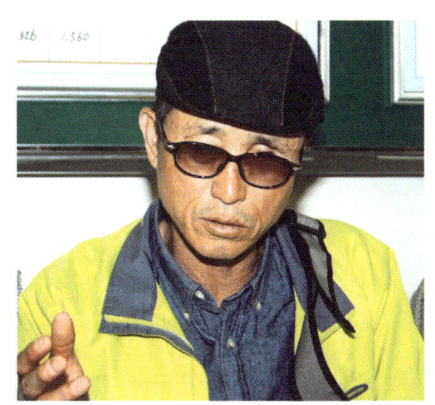

새 삶을 찾은 손문영 씨

이 없는 저는 강아지를 키우며 술로 모든 것을 달래며 살았습니다. 생이 허망했습니다. 이렇게 살 바에야 차라리 죽고 말겠다고 딸같이 키우던 강아지를 죽이고 제초제를 마셨습니다. 죽을 운명이 아니었는지 제초제를 토하게 되었고 모진 목숨은 이어졌습니다.

죽는 것도 마음대로 되지 않자 좌절감에 술을 마시고 행패를 부리는 일이 많아졌습니다. 술기운에 괜히 동사무소를 찾아 소란을 피우기도 했습니다. 가끔씩 이런 내 모습이 싫었습니다. 술을 끊고 싶은 마음이 내 속 어딘가에 있었지만 하루만 안 먹어도 참을 수가 없는 금단현상에 매일매일 술을 마셨습니다.

그러다가 동사무소에서 장애인을 위주로 오카리나 교실을 연다는 것을 알게 되었습니다. 어떤 것에 푹 빠지면 술을 끊을 수 있지 않을까 하는 생각이 들어서 동사무소를 방문했습니다. 동장님께서 오카리나를 무료로 주었습니다. 강사 선생님은 다른 사람보다 저에게 더 많은 관심을 가져주었습니다.

시각장애인인 제가 감각적으로 불 수 있도록 조곤조곤 가르쳐 주셨습니다. 저는 시간만 나면 오카리나를 불었습니다. 동장님이나 강사 선생님의 은혜에 보답한다는 마음에서 열심히 불었습니다. 함께 오카리나를 부는 회원들에게 폐를 끼치기 싫어서 더 열심히 불었습니다. 가슴속의 응어리를 오카리나를 통해서 날려버리려 했습니다.

하루 이틀 술 안마시고 사는 날이 늘어갔습니다. 평소에 다니던 술집이 있는 길을 비켜가게 되었습니다. 지금은 완벽하게 술을 끊었다고 말하지 못하겠지만 술을 이겨냈다고는 말할 수 있습니다. 요즘 저는 여전히 술에 빠져 헤어나지 못하는 친구들에게 오카리나를 함께 배우자고 권합니다.

알코올 중독에서 벗어나고 오카리나를 남 앞에서 연주하게 되면서 뭔가를 할 수 있다는 자신감이 생기게 되었습니다. 술 마시는 것 말고도 제가 할 수 있는 일이 있을 거라는 희망어린 삶이 가슴속에 살며시 와 닿았습니다.

무지개 마을에서 술을 끊고 오카리나를 연주하고 삶의 희망을 다시 찾은 저는 요즘 행복에 젖어서 가끔 눈시울이 젖을 때도 있습니다. 알코올 중독에다 시각장애인인 저 같은 사람을 따뜻하게 대해주신 동장님과 오카리나 선생님께 깊이 감사드립니다.

이제 작은 소망이 생겼습니다. 무슨 일이든지 제가 할 수 있는 일을 찾아서 하는 것입니다. 먼저 오카리나를 정말 잘 연주하고 싶습니다. 그래서 저와 같은 장애인들에게 자신감을 심어주고 싶습니다. 또 저와 같은 알코올 중독자들을 술에서 구제해 주고 싶습니다.

교육 여건 개선

살기 좋은 마을을 가꾸기 위해서는 현실적인 추진계획을 바탕으로 행정 재정의 지원이 중요하다. 뿐만 아니라 정부와 시민사회의 거버넌스 시스템을 구축하는 것이 무엇보다 중요하다. 이것이 무지개 프로젝트의 성패를 좌우한다고 해도 과언이 아니다. 건강한 삶터는 공동체 구성원 모두의 자발적 노력을 담보로 한다. 살기 좋은 동네는 물리적 환경뿐만 아니라 동네를 움직이는 시스템에 있다고 보는 것이다.

마을 공동체가 소속감과 유대감을 공유하는 집단이라면 공동체 복원은 미래지향적인 가능성을 열기 위한 인간적인 노력이다. 즉 원초적 신뢰를 바탕으로 한 네트워크의 복원이야말로 사회적 자본 형성에 이바지하는 것이다. 사회적 자본은 비공식적이고 주관적인 측면까지 포함하는 개념이다. 아울러 개인의 사고와 태도에 영향을 미치는 무형 자산이기도 하다.

산업화 이후 도시화가 가속되면서 격리와 소외가 현대인들의 보편적인 삶의 양식이긴 하지만, 혈연, 학연, 지연 등으로 그 공백을 채우고 있다. 취약계층의 주민들은 대체로 이런 연결고리마저 단절되는 경우가 많다. 그 공백을 채우는 것은 무질서와 같은 반사회적 행동이다.

취약계층이 밀집한 영구임대아파트 지역은 무지개 프로젝트가 시행되기 전만 해도 '도심 속의 섬'이었다. 판암사회복지관에 근무하는 이상도 씨의 설명이다.

"아파트 단지를 외부와 분리시키는 울타리는 칙칙한 외관으로 인해 답답한 느낌이 들었어요. 주민들은 밖에 잘 나가지 않고, 인근 주민들도 드나드는 일이 없어 고여 있는 물처럼 느껴졌습니다. 택시를 내릴 때도 아파트 입구에 내리지 않고 부근에 내려 걸어올 정도로 3단지에 산다는 것을 숨기곤 했죠. 아이들은 기가 죽어지냈어요. 어쩌다 또래들이 모여 학교 운동장에서 축구를 하면 주변 아이들이 '어, 쟤들이 축구를 다 하네'라며 이방인 취급을 했습니다. 그런 아이들에게 미래에 꿈이 있었겠습니까. 기껏해야 피자집 주인이나, 카센터 사장이라고 말하더군요. 그러나 이제는 달라졌습니다."

무지개 프로젝트가 시작되면서 울타리가 걷히고 단지 안팎이 깔끔하게 정리됐다. 주변 상가들의 간판도 예쁘게 단장했다. 물리적 울타리는 그동안 심리적 울타리가 되어 대화의 통

판암동 복지관의 노인무료급식

로를 막아 버렸고 소통이 이루어지지 않았다. 울타리가 걷히
자 이웃 주민들과의 소통이 자유로워졌다. 밤이 되면 컴컴하
던 단지 주변이 환하게 밝혀지면서 우범지역 같은 인상을 벗었
다. 자원봉사자도 더 많이 몰려왔다. 주민들은 좋은 마을가꾸
기에 대해 자발적인 참여의식을 나타냈다.

"인근에 판암역이 생기자 아파트 단지에 차를 대놓고 가는 사
람들이 많았어요. 이전에는 누가 그렇게 하든 말든 상관을 하지
않았죠. 마을이 예쁘게 단장되니까 주민들이 이구동성으로 외
부 차량에 대해 주차금지를 시켰습니다. 주민들의 자생적 움직

임이 살아난 거죠. 꽃나무를 심고 공공미술이 들어와 벽을 장식하자 아이들의 꿈도 바뀌기 시작했어요."

복지관이 진로지도 프로그램을 통해 조사한 결과 아이들의 꿈이 판타지 소설가, 조각가, 사회복지사 등으로 업그레이드됐다. 그런 직업은 잘 사는 동네 아이들이나 꿈꾸는 것으로 생각하던 3단지 아이들에게 변화가 찾아온 것이다. 복지관 프로그램 중 진로지도에 참여하는 아이들은 당당하게 요구사항을 내놓았다.

"선생님, 군인이 되고 싶은데, 군인 아저씨 좀 불러주세요."

복지관 측은 청소년들에게 다양한 직업군을 소개하며 진로지도를 하고 있다. 섭외를 통해 군인과의 면담 시간도 준비했다. 주민들은 공동체 내부의 문제를 자각하기 시작했다. 장애인 자조모임은 무지개 공연을 하며 1일 찻집을 열었고, 그 수익금으로 동네 노인들을 초청해 잔치를 베풀었다.

주민들은 환경 변화로 인해 삶의 질을 향상시키기 위한 다양한 가능성에 대해 더 모색하기 시작했다. 환경 변화가 지역사회에 대한 관심을 이끌어냈다. 과거 복지관이 프로그램 개발과 운영에 치중했다면 무지개 프로젝트는 상생하며 살아가는 공동체문화를 복원시켰다.

공부방 아이들이 달라졌어요

동신중학교는 저소득층 자녀들이 전교생의 47%에 해당한다. 한부모 가정 중에서도 부자 가정이 67세대에 속해 비교육적인 환경에 처해 있다. 이 학교는 2005년도에 교육복지투자 우선지역 사업 대상학교로 선정되었다. 이어 무지개 프로젝트 사업의 일환으로 급식실 및 합숙소 증축을 했고 잔디구장 및 우레탄 트랙 설치가 2009년에 완공된다.

특히 '동신 공부방'은 그 효과 면에서 언론의 주목을 받기도 했다. 공부방은 2008년 3월부터 가동됐다. 학생 선발 과정에서 기초수급자 자녀이거나 학원에 갈 처지도 못되고 부모 없이 배회하는 학생들에게 우선권이 주어졌다. 아울러 본인이 희망하고 부모가 승낙한 학생, 기초실력이 부족한 학생 순으로 선발했다. 이렇게 모인 학생이 35명이었다.

공부방 학생들은 대부분 26.4m2(8평) 아파트에 사는데 23%가 수급자 자녀들이다. 무료 급식 대상자도 47%나 된다. '학생들이 굶고 있다'는 소리를 들으면 교사들은 가슴이 무너진다. 방과후 수업을 할 때는 학생 전원에게 저녁 도시락을 주문해 식사를 시킨다. 교실에는 냉. 난방 시설을 해 쾌적한 교육환경을 조성했다.

공부방 운영을 맡고 있는 최진희 교사는 "저소득층 자녀들을 대상으로 관심을 기울인 결과 성적이 올라가고 자신감이 배양되었다”고 말한다.

실력이 평균 정도의 학생은 소그룹으로 묶고 평균 이하의 학생들은 1:1 교육을 강화했다. 취약계층의 자녀들은 대체로 공부에 대한 의욕이 없고 목표가 없었다. 왜 공부를 해야 하는지, 자신의 소질이 무엇이고 꿈이 무엇인지 관심이 없어 보였다.

2학기 중간에 전학을 온 한 학생이 있었다. 너무 과묵했고 성적은 저조해 어두운 그늘이 있어 보였다. 교사의 상담을 거쳐 공부방에 들어왔지만 또래 학생들과 어울리지 못하고 겉돌았다.

그러나 열심히 수업을 듣더니 중간고사 시험에서 국어가 97점으로 최고 성적이 나왔고 다른 과목도 80점 이상이었다. 그런데 어느 날 그 학생 이모로부터 전화가 걸려왔다. 최 교사가 전화를 받자 슬픔이 잔뜩 배인 울음 섞인 목소리가 들려왔다.

“선생님, 감사해요. 내일부터는 아이가 방과후 수업을 못할 것 같아요. 엄마가 그동안 계속 편찮았는데 어제 뇌출혈로 쓰러져 중환자실에 입원했어요. 제 동생이 있어서 돌봐줘야 한답니다.”

최 교사는 자신도 모르게 눈물을 쏟았다. 그 학생의 침울했던 얼굴이 스쳐갔다. ‘얼마나 힘들었을까?’ 부모의 사랑을 받고 자라야 할 어린 나이에 정신적 아픔이 만만치 않았을 것이다. 그런 아이들에게 계속 공부할 수 있는 환경을 만들어주는 것이 공무원들의 사명이다. 청소년들의 미래는 곧 우리나라의 미래다.

교사들의 열성과 보람

방과후 공부방이 시작되자 교사들은 첫 한 달 동안 정신훈련과 함께 동기부여를 했다. 학생들은 매주 월요일부터 금요일까지 오후 5시에서 9시 반까지 수업을 한다. 이전에는 교사들도 오후 4시면 퇴근하기 바빴으나 방과후 공부방을 운영하면서 열성을 보이고 있다.

학교 측은 희망교사 8명을 주축으로 팀을 구성해 학년별로 국어 영어, 수학, 사회, 과학, 논술 등 6과목에 대해 집중 지도하고 있다. 학습은 수업과 자율학습을 병행한다. 공부방 외의 저소득층 자녀 학생들은 대학생 자원봉사나 공무원 튜터제를 연결해 멘토링 수업을 시켰다.

학습동기를 유발하기 위해 학생들은 자율학습시간에 교육방송을 시청하거나 컴퓨터를 활용해 희망 과목을 공부한다. 테마학습으로 기획된 1박2일의 문학기행을 통해 박경리 문학관, 이효석 문학관 등을 방문하고, 미리 읽고 준비한 독서퀴즈대회를 가짐으로 국어 교과서에 등장하는 작가의 작품세계를 이해하고 그들의 일상생활을 가늠해 보는 기회를 가졌다.

　최 교사는 "집단상담이나 원예치료 등 계획된 심리 정서 프로그램을 통해 자신에 대한 긍정적인 이해를 높여 자존감 향상을 가져왔고, 자아정체감을 확립하는 계기를 마련하였으며, 직업 체험 학습을 통해 학생들에게 진로를 탐색하는 기회를 주어 올바른 직업관을 확립하는 데 도움이 됐다"고 설명한다.

　학습능력 향상을 위한 방법으로는 6개 교과를 교사들이 직접 학년별 소그룹으로 지도해 공부하는 방법과 문제해결 능력을 배양시켰다. 또 수업과 자율학습을 병행함으로써 1시간 수업의 효과를 극대화시켰다. 아울러 자기주도적 학습을 통해 자신이 필요한 강의를 듣거나 보충지도를 받을 수 있게 했다.

　효과적인 프로그램 운영을 위해 학부모 간담회를 개최하여 학부모들의 관심을 이끌어냈다. 자녀들에 자긍심을 갖게 했으며 학교에 대한 신뢰감을 구축했다고 한다. 그 결과 성적이 전체적으로 상승됐고 학생들의 자신감 및 사회성이 향상됐다. 어느 학생의 할머니가 직접 쑥떡을 해와 감사의 뜻을 전하기도 했다.

　다문화 가정과 조손 가정의 취약점이라 할 수 있는 사회성 부족도 보완됐다. 예능에 재능이 있는 학생들은 평생교육원에 의뢰해 예술행사에 참여시키도록 배려하고 있다. 학부모 봉사단을 조직해 학생봉사단과 함께 장애인 시설을 방문하고 주말에는 독거노인들에게 도시락을 배달하기도 한다.

열등생들은 어려서부터 좌절과 실패를 경험한 탓에 우등생에 비해 대체로 자존감이 낮고 우울지수가 높다. 학교생활에 주눅이 든 열등생들이 공부방을 통해 우등생이 되어 졸업할 때는 눈물을 글썽거리기도 했다. 교사들은 일하면서 최고의 보람을 느낀다고 말한다.

새우잠을 자더라도 고래 꿈을 꾼다

공부방 운영의 성과는 학업성취도의 뚜렷한 향상을 손꼽을 수 있다. 이 프로그램을 시작한 지 1개월 후 치른 중간고사에서 가시적 결과가 나타났다. 2학년 학생이 전체 1등을 했고 3월에 실시한 대전광역시 교육청에서 실시한 진단평가와 비교했을 때 전체적인 상승을 보였다고 한다.

학생들은 지도교사와의 좋은 관계 형성으로 사회성이 향상되었고 자신감을 회복하여 적극적이고 활발한 학교생활을 하게 되었다. 처음에는 매사에 무관심해 보이던 학생들이 조금씩 마음을 열고 동급생, 선후배와도 인간적 관계가 형성됐다.

식사를 마치면 뒷정리를 깔끔하게 하고 공부방을 마치고 나갈 때에는 '감사합니다'라는 표현을 하는 등 사소한 것에서부터 변화를 보이기 시작했다. 이러한 학생들은 졸업 후 모교를 방문하여 자신과 비슷한 처지의 후배들에게 멘토 역할을 할 것이다.

그 파급효과가 커지면서 교육복지 사업에 대한 관심이 높아져 오두환 교장이 전국 교장을 상대로 사례를 발표하기도 했다. 학생들은 취약계층 거주자라는 자괴감을 떨쳐버리고 다른 프로그램에 대한 참여도가 높아졌다. 학생들이 소감문을 통해 솔직한 심정을 드러냈다.

"성공이나 좋은 직업은 우리와 관계없는 줄 알았는데 이제는 꿈이 생겼다."

"잘 사는 집 아이들만이 좋은 직업 갖는 것은 아니다. 우리도 자신감이 생겼다."

"스스로 공부하는 능력이나 학습태도가 더 좋아진 것 같다. 또 내가 나아갈 목표가 뚜렷해져서 더욱 노력하게 된다."

"부유층 학생들이 더 많이 성공한다는 고정관념을 갖고 있었다. 그들은 더 많은 것을 경험할 수 있고 더 좋은 공부 환경을 가지고 있기 때문이다. 그러나 공부방에 참여하면서 이런 고정관념이 많이 없어졌다. 자신감이 생겼기 때문이다."

오 교장은 "학생들의 성적이 20% 가량 향상됐다"고 설명한다. 설문조사 결과 성적이 오르자 친구 관계에서도 자신감이 생겼고 학교 수업 태도도 좋아졌다고 한다. 방과후 공부방은 교육과학기술부의 모범 사례로 선정돼 2009년 4월 대전광역시 교육감상을 받기도 했다.

당초 교장들이 이 학교에 발령받으면 교육적 악조건 때문에 1년 반 정도 근무하고 다른 지역으로 나가기 일쑤였다. 4년간 근무를 자원해서 이 학교로 온 오 교장은 "학교가 지역문화의 중심으로서 문화센터 역할을 해야 한다"고 말한다.

주민들을 위한 요리 강좌

무지개 프로젝트가 추구하는 교육 여건 개선은 방과후 수업, 그리고 공무원 튜터제를 통해 학생들의 학습의욕 고취에 일조를 하고 있다. 무지개 프로젝트 사업으로 무지개 도서관 설치, 판암도서관 기능 보강, 동신중, 판암초등교, 대암초등교의 시설 개선이 이루어졌다. 또 공부방 운영, 원어민 영어교실 등의 프로그램 운영을 통해 교육 환경을 개선했다. 주거환경 개선도 직, 간접으로 학습에 영향을 미칠 것이다.

판암2동의 경우 나홀로 어린이 세대가 총 33세대로 이 중 아동 단독세대가 3세대, 조부모 동거세대가 30세대나 된다.

이런 어린이들은 보호자의 부재 또는 양육능력 부족으로 적절한 보호를 받지 못하게 된다. 무지개 프로젝트는 관내 자생단체 및 유관기관 등과의 결연을 추진하여 아동의 사회적 자립과

지역주민 대상으로 하는 동신중학교 요리 교육과정

안정을 돕고 있다. 빈곤의 대물림을 끊기 위해서는 자라나는 청소년들에게 학업의 성취동기를 높이는 길 밖에 없다.

취약계층의 청소년들은 부모들이 생계를 위해 밤늦게 귀가하는 경우가 많아 가정의 온기를 느끼기 어렵고 정서적으로 불안정하거나 바람직하지 않은 환경에 노출되기 쉽다. 동신중학교에서 실시하는 청소년 공부방은 방과후 수업을 통해 자기주도적 학습능력을 배양시켜 교육격차 해소에 도움이 되고 있다.

동신중학교는 지역주민을 대상으로 학교 조리실을 만들고 이를 개방해 '지역주민과 함께 하는 요리강좌'를 운영하고 있다. 한식조리반, 가정요리반, 홈베이킹반 등 지역주민들의 호응을 얻어 수료생을 배출했다. 자격증을 딴 주민은 취업이나 식당 창업에 도움이 될 것이다.

학교 도서관 개방은 지역주민의 평생교육에 학교가 적극 나서 교육과 문화, 복지가 일치된 교육 공동체를 만들기 위한 것이다. 학생들은 희망을 갖고 열심히 공부하고 주민들 사이에서는 '동신중학교에 젊은 교장이 온 이후로 많이 좋아졌다'며 신뢰감을 보인다. 무지개 프로젝트의 가시적 성과들이 하나둘씩 나타나고 있는 것이다.

장애우들과 함께 사는 동네

무지개 프로젝트 사업이 시작되면서 지역주민들은 공청회, 포럼 등에 참가해 다양한 욕구를 쏟아냈다. 판암1동은 3단지에 취약계층이 몰려있다. 이곳 역시 빈곤층이 많아 교육환경이 열악한 편이다. 대전시는 동구와 서구 지역 간에 동·서 교육 격차가 나타난다. 한때 동구 지역은 학생들이 빠져나가 1년에 한 학급이 줄어드는 현상이 생겼다. 취약지역인 만큼 장애인이나 결손 가정의 자녀가 많다.

판암초등학교의 김부상 교장은 '그늘 속에 묻혀 사는 아이나 장애우들과 더불어 사는 동네를 만드는 것이 교육복지투자우선지역의 꿈이다. 교육환경을 개선해야만 동구 지역이 발전할 것'이라고 강조한다.

무지개 프로젝트는 교육 복지사업을 위해 판암초등학교의 낡은 책, 걸상을 교체하고 도서실을 증축했다. 장애인 재활센터 건립도 지역주민들의 의사를 적극 반영한 것이다. 판암초등학교는 장애아동 특수학급을 운영하면서 물리치료실을 만들었고 휠체어가 다닐 수 있게 문턱을 정리했다. 누워서 지내야 하는 장애아동을 위해 온돌방을 설치했다.

장애아 부모들은 복지관을 통해 장애아동 주간보호센터 설치도 요구했다. 장애아들은 이런 시설이 없어 집에서 방치된 채 지냈다. 아이들을 하루 종일 돌봐야 하는 부모들은 꼼짝달싹 못하고 집에서만 지내야 한다. 시장을 잠시 다녀오더라도 마음을 놓지 못한다. 돈을 주고 아이를 맡기기는 더욱 어렵다. 장애아를 키워보지 않은 부모들은 그 아픔을 잘 이해하기 어렵다.

부모들은 장애아 간호에 심리적 육체적 스트레스를 받는다. 우울증에 걸려 동반자살로 이어지기도 한다. 그런 사람이 비록 소수에 불과하다 할지라도 배려를 함으로써 모두 함께 살아가는 따뜻한 동네를 만들 수 있다. 타 지역에는 주간보호센터가 있지만 동구에는 한군데 복지관에서만 운영하고 있었다. 무지

개 프로젝트가 시행되면서 주간보호센터를 설치해 달라는 건의
도 받아들여졌다.

장애아 특수교육을 담당하고 있는 인세정 교사는 각종 시설
설치로 인해 장애아동과 일반아동 간의 격차가 많이 해소됐다
고 한다. 일반아동들이 장애아 교실에 놀러와 친구가 되어주기
도 한다. 18명의 장애아동들은 사고 위험이 없는 온돌방에서 마
음껏 뛰어놀 수 있다.

김 교장은 무지개 프로젝트로 교육환경이 개선되면서 희망적
인 일들이 많이 생겼다고 한다. 한 학생이 영어 말하기 대회에

참가해 서구 지역의 학생을 누르고 수상을 하자 '서구도 별 것 아니다. 열심히 하면 된다'는 자신감이 형성되기 시작했다.

판암초등학교는 지역 특성상 태국, 베트남, 필리핀 등 다문화 가정의 자녀가 많다. 김 교장은 이를 활용해 대전 최고의 영어체험교실을 만들 구상을 하고 있다. 다가올 미래에는 판암초등학교가 다문화, 다인종이 모인 영어 체험 학교가 될 것이다. 그래서 김 교장은 '무지개 프로젝트가 중단되지 않고 지속적으로 이어져야 한다'고 강조한다.

대암초등학교에는 치과치료실이 설치돼 지역 아동들의 구강건강을 보살피고 있다. 보건복지부가 주최한 2009년도 구강보건포럼에서 예전에는 성별이나, 연령, 유전적 요인 등 개인적인 요소가 건강 결정요인이었지만 현재는 지역 등 사회문화적인 요인의 비중이 커지고 있다고 한다. 즉 저소득층과 장애인 등 취약계층일수록 질병의 발생빈도가 높다는 것이다.

행복충전소

영구임대아파트 주민들은 도움을 받으면서 도움을 베푸는 상호호혜적 인간관계를 맺고 있다. 전동휠체어 팔랑개비 자원봉사단의 김장현 씨는 열아홉 살 때 오토바이 사고를 당해 6개월 동안 의식불명 상태로 지내다가 깨어나 17년 째 휠체어에 몸을 의지하고 있다. 봉사활동 제의를 받았을 때 그는 자포자기 하는 심정으로 하루하루를 살고 있었다.

"우리 같은 사람들이 봉사를 한다구요? 누구를 웃음거리로 만들려고 하는 짓 아닌지 의구심이 갔어요."

그 자신도 스스로 믿기지 못할 작은 출발을 시작했다. 그는 매주 목요일 정기봉사일을 손꼽아 기다린다. 독거노인을 찾아 밑반찬을 보내드리는 일이다. 그런 노인들에게 조금이나마 손과 발이 될 수 있어 살아가는 보람을 느낀다. 그도 남을 도울 수 있다는 것은 생에 대한 의지의 확인이자 용기의 원천이다.

김 씨는 '판암골 소식'의 주민기자로 활동하고 있다. 활동 없이 살았던 그의 삶에 변화가 온 것이다. 사람들이 그의 목소리에 귀를 기울이고 신문 나오는 날을 기다린다. 그는 자신의 목소리를 당당하게 낼 수 있다는 것이 자랑스럽기만 하다.

후천적 장애인의 경우 장애가 발생되기 전의 기억과 집착, 사회적 관계의 단절과 편견으로 인해 선천성 장애인보다 고독감과 소외감이 더 깊을 수 있다. 이런 현상은 장애인 자신뿐 아니라 가족 성원의 사회적 관계 형성에도 영향을 미친다.

마흔다섯 살에 사고가 나 시각장애인이 된 송순복 할머니(80)는 가끔씩 대중가요 '대전발 영시 오십분'을 즐겨 부른다. 홀로 사는 집에는 TV 소리만 들려올 뿐 인기척이 없다. 인생의 황혼

동구 다기능 노인종합복지관

기에 접어든 이 할머니는 따뜻한 보호의 손길을 필요로 한다. 이런 곳에 동병상련의 심정으로 휠체어를 탄 장애인이 드나들며 밑반찬을 배달해 준다. 세상 돌아가는 이야기를 들려주고 말벗이 되어 준다.

　우리 모두 필연적으로 노인이 될 것이다. 불운을 만나 장애인이 될 수도 있다. 독거노인의 경우 신체적 정서적 경제적 문제 등을 스스로 해결해야 하므로 복지 서비스 차원에서 다양한 문제가 발생한다. 시설 보호 노인보다 독거노인의 질병율이 높고 만성화되는 경향이다. 장애의 경우 당사자뿐 아니라 가족들에게 심리적 정서적 부담과 갈등을 낳는다.

한국사회가 지닌 편견은 장애인 문제에서 잘 드러난다. 당사자가 겪는 내적 갈등과 외적 고통은 말한 것도 없고 가족들이 당하는 수치심이나 당혹감은 겪어보지 않은 사람은 이해하기 어렵다. 자연히 사회적 교류가 단절되거나 활동범위가 축소된다.

장애인을 위한 사회복지 서비스 욕구조사(통계청 2002년)에서 장애인을 포용하는 '사회 분위기 조성'의 필요성이 최우위를 차지하는 것을 볼 때 그들이 느끼는 사회적 배제현상의 심각성을 짐작할 수 있다.

사회로부터 소외된 사람들이 스스로 자조모임을 만들어 도움을 받고 도움을 주는 행위는 전통적 촌락형태의 공동체문화에서 이어져 오던 것들이다. 도시화와 산업화는 이웃과의 단절 속에서 개인적인 삶을 유지시키게 만들었다. 취약계층의 주민들이 느끼는 사회적 박탈감은 가진 자와 못가진 자, 정상인 자와 비정상인 자, 노인층과 젊은 층, 사회 적응과 부적응 등 양극화에서 나타난다.

자원봉사자로부터 보건위생의료 봉사를 받은 유 모 씨는 척추와 시각 장애를 지닌 1급 장애인이다. 그는 요즘 생명종합사회복지관 장애인 재활실에서 운동과 이쑤시개 만드는 작업을 하며 밝고 긍정적인 삶을 살아가고 있다.

어느 날 장애인 재활실에서 운동을 하고 있는데 재활실 회원들이 목욕을 함께 가자고 하였다. 다행이 그날 차량에 자리가 남아나는 주변 회원의 도움으로 목욕 가는 차에 몸을 싣게 되었다. 목욕을 그리 좋아하지는 않지만 그날의 목욕은 너무나도 즐거웠다. 개인별 욕탕에 따뜻한 물이 흐르고 2명의 자원봉사자가 너무나도 잘 닦아 주었기 때문이다. (중략)

가장 좋았던 것은 목욕을 마칠 때 들은 말이다. '잘 생긴 얼굴이 닦으니까 더 매끈하네요.' 나로 하여금 호탕한 웃음을 웃게 하였다. 내가 잘 생겨서 이기보다는 나보다도 더 내 몸을 잘 닦아주는 그들의 손길과 나에게 건네는 농담이 처음 만나는 사이지만 따스하고 친근하게 느껴졌기 때문이다.

유 모 씨가 한 번의 목욕으로 세상을 밝고 긍정적으로 보는 것은 아니다. 자원봉사자들이 가지는 평소의 관심과 배려의 연속선상에서 그는 정신적 건강을 회복했고 일상의 삶에 충실하고 있다. 대한적십자 용운봉사회 정경옥 씨는 복지관 무료급식 주방에서 자원봉사를 하는 반백의 노인이다. 노인들과 아이들에게 즐거움을 선사하려고 마술을 배워 공연을 보여준다.

새터민 자원봉사단 '푸른하늘'은 자신보다 더 외로운 지역의 독거노인 및 장애인들을 위해 추석 음식 나누기 행사를 열기도 했다. 아침부터 새터민들이 복지관에 모여 북한식 만두와 송편 등을 빚느라 분주하게 움직인다. 군데군데 이야기꽃이 피어난다.

"만두에는 청양 고추를 넣어야 매콤하니 맛있지."

"북한에는 동그랑땡이 없는데 이거 참 맛있네."

음식만들기가 끝나면 각자 추석음식 바구니를 들고 독거노인과 장애인들을 찾아 나선다.

"고마워요, 맛있게 먹을게."

노인들이 살가워 하며 인사를 나눈다. 새터민들도 명절이면 외롭기는 마찬가지다. 그들은 지역주민들과 어울림으로써 그 외로움을 떨쳐버리고 세상살이의 고단함도 잊는다. 이것이 사람 사는 정이고 살만한 동네를 가꾸어가는 작은 정성들이다. 이처럼 주민들의 자발적인 의사가 지역사회를 놀랍게 변화시켰다. 동네는 서비스를 실현할 수 있는 중요한 무대이자 주민역량을 통해 동네효과를 실천적으로 드러내는 거버넌스의 장이 된다. 무지개 프로젝트의 실험적 정책들이 이런 현상을 가속화시켰다고 할 수 있을 것이다.

자원봉사자의 따뜻한 경험

두근두근 설레는 마음으로 장애아동 탁아방 아동들과 부모님 그리고 자원봉사자, 공부방 아이들과 함께 한 연합캠프를 다녀왔다. ROTC 군인인 그는 자원봉사활동을 종종 해왔지만 아동을 대상으로 하는 자원봉사 활동은 처음이라는 박지정 씨다. 그가 오늘 담당할 아동은 언어치료를 받고 있는 육ㅇㅇ이다.

첫 만남에서 ㅇㅇ와 친해지기 위해 말을 걸어보기도 하고 손을 내밀어 보았지만 ㅇㅇ이가 낯설어 하며 매몰차게 자신의 손을 뿌리쳤을 때는 그 어린 꼬맹이한테 상처받을 뻔했다고 농담 섞인 말을 하였다. 하지만 캠프를 마치고 돌아오는 길에 나에게 마치 대단한 일이 일어난 것처럼 자랑하듯 말했다.

"ㅇㅇ이가 물놀이를 모두 마치고 샤워장에서 양팔로 내 허리를 감싸 안아 주었어요. 아! 그 따뜻한 감촉, 말은 하지 않았도 아이의 마음이 느껴지더라고요. 그 마음이 고마워서 괜시리 코끝이 찡해지더라니깐요."

그는 행복한 표정으로 계속해서 말을 덧붙였다.

"아이들의 해맑게 웃는 모습을 보면서 비록 장애를 가지고 있지만 그렇지 않은 저보다 더 행복해 보였어요. 선생님, 너무 좋은 경험을 하게 해주셔서 감사합니다."

오늘 하루 힘들었을 그이지만 오히려 나에게 고맙다고 인사를 전하였다. 그는 오늘 어디에서도 경험해보지 못한 가슴 따뜻한 경험을 하였다고 한다. 우리는 푸른 물결 속에서 한마음이 되어 돌아왔다.

– 사회복지사 김화영('행복충전소' 2008년 8/9월)

봉사의 참의미 깨달아

임대아파트에 거주하는 새터민 이기분(여 47) 씨는 대전시 새터민 연합회 회장직을 맡고 있다. 지난 1997년 탈북해 7년 동안 중국에서 숨어 지내다가 천신만고 끝에 2004년 자유의 땅을 밟았다.

임대아파트로 집을 배정받아 입주했을 때는 몇 달 동안 사회 적응에 자신이 없어 두문불출하고 살았다. 아파트 주변은 나무 한 그루 없이 잡초만 무성해 북한 땅이나 다름없이 삭막한 느낌이었다. 두고 온 가족과 남한 사회에 대한 두려움으로 마음의 문을 열지 못한 채 우울증에 걸려 잠만 잤다고 한다.

"무지개 프로젝트가 뭔지 몰랐는데 동네사람들이 저에게 따뜻한 마음을 보여주더라구요. 동네잔치를 할 때는 꼭 참석시켜요. 전에는 그런 것을 별로 몰랐는데 사람들의 마음이 조금씩 움직이는 것 같았어요. 그동안 도움을 많이 받았어요. 요즘 호떡 장사를 하고 있지만 저도 여건이 되면 봉사활동을 하고 싶습니다. 요즘은 동네가꾸기 사업에 참가해 자원봉사를 하고 있습니다."

4단지는 대전에서 새터민이 많이 몰려 사는 곳이다. 한때 탈북자는 정착금을 받아 비교적 안정된 삶을 살 수 있었다. 그러나 규정이 강화돼 3년간 수급자 생활이 끝나면 독립을 해야 한다. 독립을 하자면 일거리가 있어야 하는데 사회의 편견이 심해 만만치 않다.

자본주의에 대한 이해도 부족하지만 말씨 때문에 가는 곳마다 냉대를 받는다. 새터민 학생들은 학교생활에 적응하지 못하고 어른들은 값싼 동정심에 시달리거나 우울증에 걸리기도 한다. 이기분 씨는 무지개 프로젝트가 내미는 따뜻한 손을 잡고 활기 넘치는 생활을 한다. 그가 자신 있게 하는 말이 있다.

"봉사를 잘 해야 노후가 편안합니다."

마을신문 주민기자들의 맹활약

신문이라는 미디어는 지역 이미지에 일정한 영향을 끼친다. 공동체의 정체성과 자긍심을 부여한다는 측면에서 도시재생의 효과와 연결된다. 개인의 사회화를 통해 이웃관계가 증대하고 문화적 접근을 쉽게 한다. 사회적 단합은 자신감을 불러일으키고 미래에 대한 비전을 갖게 한다.

사회복지 행정은 단순히 물리적인 시설만 제공하는 것이 아니라 따뜻한 인간관계를 형성시켜야 한다. 도시 행정이 시민의 삶과 실질적인 생활문제에서 사는 즐거움을 제공할 수 있을 때 복지 수요에 대한 만족도가 높아질 것이다.

판암2동 생명종합사회복지관에서 발행하는 '판암골 소식'은 주민기자 20여 명이 참여해서 만드는 마을신문이다. 당초 이 신문은 무지개 프로젝트가 시행되기 전에 지역주민 역량강화 사업의 일환으로 '판암골 소식' 마을신문 주민기자단을 추진하게 되었다.

이때 마을주민 250명을 대상으로 조사한 결과 '우리 동네의 긍정적 변화를 위해 마을신문이 필요하다. 그리고 마을신문을 주민들이 만들어야 한다'는 결론을 얻었다. 무지개 프로젝트에 시동이 걸리면서 신문이 본격 발행되고 있다. 배영길 씨는 '마을신문이 나오지 않았으면 무지개 프로젝트가 성공하기 어려웠을 것'이라고 한다. 신문에는 이런 기사들이 실렸다.

고사리 손으로 전하는 사랑

505동 앞 경비실을 지나치는데 작은 아이 한 명이 까치발로 서서 쌀통에 쌀봉투를 넣고 있었다. 이번에 부녀회에서 행사하는 '불우이웃 돕기 쌀 모으기'에 쌀을 담고 있는 모습이다. 너무 예뻐서 쳐다보고 있다가 '몇 학년이니?' 하였더니 '3학년요.' 똘망졌다. 학년에 비해 체구는 작아보였지만, 고사리 같은 손으로 쌀은 넣는 모습이 정말 천사 같았다. '엄마가 시켰니?' '아뇨, 제가 담아왔어요.' 세상에 너무 너무 예뻤다. 손수 그런 기특한 생각을 했다니… 정말 대견해 보였다. 어른들도 힘들다고, 귀찮다고, 신경을 안 쓰는데 저 어린 학생이 그런 생각을 했다니… 그 학생의 엄마가 손수 보인 교육이며, 가르침일 것이다. 왠지

어른으로서 부끄러움과 동시에 가슴이 훈훈하고 미래가 밝아보였다.

— 주민기자 박희순('판암골 소식' 2008년 10월호)

나도 한마디_ 우리 아파트 쓰레기통이 뒤집혀 있다

앞으로는 동구청에서 불시에 나와 쓰레기 투기를 단속해 종량제 쓰레기봉투를 사용하지 않거나 음식물을 섞어서 버리면 최고 100만 원까지 벌금을 부과한다고 한다. 아파트 관리원 아저씨들께서도 종량제 쓰레기봉투를 사용하지 않는 사람들은 단속한다고 한다. 주민들은 단속이 무서워 종량제 쓰레기봉투를 사용하기보다는 우리 동네를 깨끗이 가꾼다는 생각에 종량제 쓰레기봉투를 사용하는 습관을 가져야겠다.

— 박상기 학생기자('판암골 소식' 2008년 12월호)

대전시 무지개 프로젝트_ 한마음 대회 개최

지난 12월 8일 대전시가 상생과 나눔, 복지도시 구현을 목적으로 의욕적으로 추진하고 있는 '무지개 프로젝트'에 대한 워크숍 한마음대회가 대전시 동구 만인산 푸른학습원에서 열렸다. 무지개 마을 주민협의회와 전문가, 자문위원들이 대거 참석한 가운데 열린 이날 워크숍에서는 무지개 프로젝트에 대한 추진상황과 대외평가를 비롯해 향후 발전 방향에 대한 다양한 토론과 주제발표가 이어졌다. 한편, 이날 우리 동네 '판암골 소식' 마을신문이 지역공동체 형성을 위한 좋은 사례로 평

가되어 우수 사례로 선정되었으며, 참석자들로부터 좋은 호응을 얻은
바 있다. 어려운 서민들에게는 희망을 복돋아주고 '판암골 소식' 마을
신문이 행복 바이러스 전파에 한 몫 하길 기대해 본다.

— 이인숙 주민기자('판암골 소식' 2009년 1월호)

나도 한국인입니다

안녕하세요. 저는 일본에서 한국으로 시집온 까사이 유끼꼬라고 합니
다. 저는 지금 무지개마을 판암2동 주공아파트에서 아이들과 남편과
함께 살고 있습니다. 제가 남편과 결혼을 해서 한국에서 처음 산 곳은
효동이었습니다. 결혼을 해서 남편과 시집 식구들이 많이 보살펴 주기
는 했지만 말도 통하지 않고 문화가 일본과 달라서 많이 힘들었습니다.
… 중략 …

효동에 살 때는 남편도 활동적인 사람이 아니고, 집에 찾아오는 사람
도 없고 말도 통하지 않아 집 밖으로 나갈 수 없어서 답답하기만 했었
어요. 그런데 이곳 무지개 마을 판암동에 이사와서 처음에는 아이들
때문에 생명복지관에서 실시하는 컴퓨터 교실에 다니게 되었는데 주
위 사람들이 내가 일본에서 왔다는 사실을 알고 여러 가지로 도와주시
려고 노력 많이 해 주셨어요. 그리고 동 주민센터에서 실시하는 노래
교실에 들어가게 되었는데 한국노래를 배우다보니 한국문화와 한국말
을 많이 배우게 되었고요. 노래교실 회원들과 친해지면서 이것저것 많

은 도움을 받게 되었어요.

그리고 무엇보다 기뻤던 일은 생명복지관에서 만드는 마을신문 기자가 된 것입니다. 말도 통하지 않고 아무것도 모르는 저에게 그런 기회가 주어졌을 때 조금 두렵고 불안했지만 내가 어차피 한국 사람이 되었으니까 그래 한 번 해보자, 굳게 마음을 먹고 시작했는데 지금은 내가 취재한 기사가 신문에 실린 것을 보면 정말 뿌듯하고 행복합니다. 모두가 여러분들이 도와주신 덕분이라고 생각합니다.

그리고 또 내가 자랑하고 싶은 일은 판암2동 자원봉사회원이 되어서 자원봉사활동을 하고 있다는 사실입니다. 사실 저는 지금까지도 국가와 주위 분들께 많은 도움을 받고 있지만 늘 받기만 해서 조금 미안했습니다. 그런데 자원봉사 회장님께서 같이 봉사활동을 해 보지 않겠느냐며 선뜻 저를 회원으로 가입시켜 주시고, 열심히 데리고 다녀 주셔서 저도 어려운 분들을 위해 봉사할 수 있도록 기회를 주셔서 매우 보람을 느끼고 있습니다.

자꾸 이렇게 활동을 하고 이웃분들과 생활하면서 이제는 진짜 한국사람이 되어가고 있는 것 같습니다. 판암2동 무지개 마을에서는 이런 프로그램들이 많아 빨리 한국생활에 적응을 할 수 있었다고 생각합니다. 앞으로 저는 열심히 봉사도 하고 우리 아이들에게도 지금 저희를 도와주시는 분들께 꼭 좋은 사람이 되어서 은혜에 보답하라고 말하겠습니다.

유끼꼬 주민기자

주민들은 신문제작에 참여하기 위해 주민기자 교육을 받았다. 주민기자들은 기사를 쓰기 위해 마을을 돌아다니며 인터뷰를 하게 되었고 마을이 처한 문제를 말과 글로써 알려주기 시작했다. 기자는 기자대로 자부심이 생겨났고, 신문에 자기 이름이 나온 주민은 난생 처음 유명인사가 됐다.

주민들이 요구하는 것이 무엇인지 구체적으로 알 수 있게 되었다. 어머니와 아들이 함께 기자로 활동했는가 하면 손녀딸을 둔 할머니 기자, 초등학생 기자, 장애우 기자, 다문화 가정의 일본인 기자까지 주민 소통의 단서를 제공했다.

주민들은 신문 나오는 날을 손꼽아 기다린다. 마을신문에 기사가 나오자 차일피일하던 공사가 속행되어 지역사회 공동의 이익을 가져다주었다. 전동휠체어를 타고 다니는 한 장애우 기자는 독거노인 가정에 반찬을 배달하는 봉사활동을 하고 있다.

때로는 기사에 불만을 가진 주민이 '서운하다'며 이의를 제기해 기자단에서 정정보도 회의를 열기도 했다. 주민들은 오랫동안 살았던 동네에 애착을 가지고 더불어 살려는 노력을 보였다.

마을신문은 지역주민들의 의견을 반영해 시와 구청이 실시하는 각종 행정 및 재정 서비스 제공의 효율화에 이바지한다. 이것이 지역사회와 지방정부의 수평적 관계를 이루는 연계적 사회 자본의 형성이다. 2009년 4월호 '판암골 소식'에는 무지개 도서관 건립을 앞두고 주민들의 건의사항이 게재됐다.

도서관 건립을 앞두고 있는 시점에서 우리 동네 주민들의 욕구가 반영된 도서관 건립이 필요하다는 의견이 나타나고 있다. 지난 달 31일, 용운동에 소재한 용운동도서관과 판암1동에 소재한 판암도서관을 둘러본 지역 주민들의 의견에 의하면 (중략)

두 곳 모두 즉시 필요한 시설로는 장애인 편의시설인데 현재 엘리베이터가 설치되어 있지 않고 1층에도 장애인이 사용할 수 있는 자료실 및 열람실이 준비되어 있지 않은 것으로 보고되고 있다. 도서관을 둘러본 주민 김장현 씨는 '판암2동 도서관은 우리 지역이 타 지역에 비해 학습을 위한 기초공간을 확보하지 못한 아이들과 지체, 시각장애인과 어르신들의 분포가 많은 것을 염두에 두어야 할 것이다' 라고 한다.

한편, 무지개 프로젝트를 추진 중인 대전시청은 도서관 건립 전에 지역 주민과 공청회를 가질 예정이라고 한다.

― 주민기자 이동연

취약계층을 배려하는 사회

무지개 프로젝트 자문위원 중에 '선한 이웃 사람들' 대표인 이동연 목사가 있다. '선한 이웃 사람들' 은 순수한 자원봉사 단체다. 이 목사는 용운동 지역에서 교회를 중심으로 동네재생 운동을 하다가 장애인들을 위해 엘리베이터가 설치돼 있는 판암2동의 생명복지관 강당에서 예배활동을 하고 있다.

통상 사회복지사들은 각 동별로 1~2명 배치된다. 그러나 판암2동은 7명 이상의 복지사들이 있지만 업무가 많아 눈코 뜰 사이 없이 바쁘다. 기초생활수급자와 노인층 인구가 증가하면서 복지수요가 급격히 늘었기 때문이다.

"4단지 영구임대아파트 단지에 거주하면서 열악한 교육환경에 주목해 마을신문을 중심으로 도서관 만들기 문제를 거론했습니다. 이 지역 자녀들은 태어날 때부터 옆집에서 떠드는 소리가 들리는 협소한 공간에서 살다보니 공부할 환경이 안됐어요. 무지개 사업이 시작되면서 그 소원을 풀었죠."

그러나 도서관 설치를 앞두고 주민들 간에 의견이 일치된 것은 아니었다. 자녀들이 없는 가구나 노인층에서는 도서관의 필요성을 느끼지 못했다. 이 목사는 지역민들을 찾아다니며 '가난을 대물림 하면 동네 어른들이 책임이 크다'고 설득했다.

장애인 자활센터도 일부 주민이 반대하긴 했지만 공청회를 통해 지역여론을 모으고 주민과의 대화로 이런 문제를 극복했다. 무지개 프로젝트가 정주환경 개선 분야부터 가시적인 성과를 거두자 주민들의 마음이 바뀌기 시작했다.

"제가 예전에 이 동네 살 때 길을 가다가 아파트에서 던지는 술병에 맞을 뻔 했어요. 하루가 멀다 하고 싸우는 소리가 들렸고 알코올 중독자들이 거리를 배회했습니다. 그때 주민들의 꿈은 무조건 이사 가는 것이었어요. 예배를 보는데 술 먹고 들어와 행패를 부리는 사람도 있었어요. 광역시에서 학생수가 줄어드는 경우는 아마 드물 겁니다. 자녀가 동신중학교에 추첨되면 그 부모는 걱정부터 했습니다."

무지개 프로젝트는 사람들의 심성을 변화시켰다. 주민들은 길을 가다가 이 목사를 만나면 깍듯이 인사를 한다. 누가 시키지도 않았는데 길거리의 쓰레기를 줍고 청소를 한다. '선한 이웃 사람들'의 80여 명 자원봉사 회원들은 복지 사각지대에서 묵묵히 일하고 있다.

주말이나 공휴일 등은 복지관이나 자원봉사단의 손길이 끊어지기 쉽다. 이 단체는 주말긴급보호사업으로 장애인이나 독거노인들에게 밑반찬을 배달하며 이상 유무를 체크한다.

이 목사는 "이제 주민들이 사람 사는 세상이 되었음을 실감하고 있다"고 한다. 우리 사회가 이런 취약계층을 배려할 수 있다는 점에서 주민들은 용기를 얻었다는 것이다.

민영아파트에 둘러싸인 '외로운 섬'

1단계 무지개 프로젝트 사업이 진행되고 있는 가운데 2단계 사업 대상지역을 공모를 통해 결정하기로 했다. 이것은 사업의 연속성을 확보하기 위해 관심 있는 자치구부터 실시하기 위한 것이다. 공모 결과 중구와 서구, 대덕구 등이 응모했다. 서구는 임대아파트가 위치한 월평2동을 대상 지역으로 제출했다. 사업 지구 선정을 앞두고 자치구 사이에 유치 경쟁이 벌어졌다.

시는 신청 받은 3개 지역에 대해 심사를 벌인 결과 서구 월평 2동과 대덕구 법1,2동이 무지개 프로젝트 2단계 지역으로 선정 됐다. 심사 기준은 지역주민과 유관 기관의 참여도, 재정투자 규모 등을 고려했다. 월평2동은 1,3단지가 영구임대아파트 단 지로 2천 800여 세대가 살고 있다. 이 지역은 도시기반시설이 비교적 잘 갖추어지긴 했지만 취약계층 주민들이 밀집한 관계 로 주변과의 격리현상이 많이 나타난 곳이다.

서구청은 공모 계획을 통해 저소득층 자녀들의 학습여건 개 선, 주민들의 자활 지원, 정주환경 개선, 생활체육시설 확충, 지역공동체 프로그램 등 모두 18개 단위사업에 25억 원의 사업 비를 요청했다. 시와 해당 자치구가 공동 참여해 태스크포스팀

을 구성하고 사업규모와 예산 책정 등 세부계획을 확정해 2007
년부터 사업을 추진키로 했다. 아울러 1단계 과정에서 나타난
미비점을 보완해 보다 원활한 사업이 되도록 유도할 작정이었
다.

　월평2동의 영구임대아파트 단지에서는 동네현상이 나타나기
시작했다. 주민들의 거주공간에 양극화가 심화되는 것이다. 이
런 격차 해소에 초점을 맞춰 주민들의 정주공간을 개선하고 자
활능력을 배양시키는 것이 무지개 프로젝트의 역할이다. 2단계
사업은 주민설명회와 자문위원회를 거쳐 2007년 7월부터 시작
됐다. 이에 앞서 시장 주재로 사업설명회를 갖고 주민들의 의견
을 수렴했다.

　월평동은 대전시 서구의 서단에 위치한 행정동이다. 동쪽은
갈마동, 서쪽은 유성구 원신흥동, 남쪽은 서구 도안동, 북쪽은
갑천을 구계로 유성구의 봉명동과 경계하고 있다. 월평2동의
면적은 서구의 0.5%에 불과하지만 인구는 서구 전체의 4.2%를
차지한다.

　이들 인구 중 취약층이 몰려 있는 주공 아파트 단지에 9천 명
이 살고 민영아파트에 1만 1천여 명이 거주하고 있다. 영구임대
아파트 단지는 주변 민영아파트들에 둘러싸여 있다. 이 단지에
슬럼화가 시작되면서 주변 지역과의 격차가 나타나기 시작했

고, 지역공동체는 붕괴될 조짐을 보였다. 주변 지역에서 보면 영구임대아파트 단지는 고립된 섬처럼 느껴졌다.

저소득층의 인위적 집중화

잘 사는 사람과 못 사는 사람을 한 지역에 공존시키는 사회적 혼합(Social mixing) 정책은 영국이 1997년 신노동당 정부에서부터 추진해 왔으나 성공적이지 못하다는 평가를 받고 있다. 월평2 동의 경우를 보면 사회적 혼합 정책이 실현될 가능성이 희박하다. 그렇다고 해서 한 지역을 두 나라로 만들 수는 없다. 무지개 프로젝트가 추구하는 가치는 궁극적으로 함께 잘 사는 마을, 즉 지역공동체 복원에 있다.

월평동은 수려한 경관과 선사 유적지를 아우르는 'ㄱ'자 지형이다. 이곳에 저소득층과 중산층의 대단위 아파트가 혼재해 있다. 월평1동과 3동은 민영아파트로 비교적 중산층이 몰려 있다. 2동에는 영구임대아파트 3개 단지가 있으며 2단지에 차상위 계층이 살고 있고 1단지와 3단지는 26.4m2~29.7m2(8~9평) 지역이다. 1단지에는 한밭복지관이 들어서 있고 3단지에는 월평종합사회복지관이 주민들의 복지에 기여하고 있다.

월평2동 전체를 놓고 볼 때 기초수급자가 1천 600세대 3천 명으로 인구대비 14.2%를 차지한다. 장애인 인구도 1천 200여 명

(16.2%), 독거노인 300여 명, 새터민 50여 명, 한부모 가정 800여 명이나 된다.

월평2동의 3개 단지 중 무지개 프로젝트의 핵심 사업권은 주공아파트 3단지다. 3단지 거주인구는 모두 3천여 명, 1천 400세대로 구성돼 있다. 월평2동의 1,3단지 영구임대아파트 지역은 기초수급자를 비롯하여 저소득층의 밀집으로 숙원사업이 발생하고 복지행정 수요가 급증했다.

이처럼 저소득층의 인위적 집중화로 인해 각종 사회적 문제가 크게 대두됐다. 기존의 복지행정 시스템으로는 문제해결에 한계를 느낄 수밖에 없었다. 무지개 프로젝트는 지역 활성화에 목표를 두고 주거환경을 개선, 주민자활능력 배양, 청소년 학습여건 개선, 지역공동체 복원을 추진하는 정책이다. 이것을 선택과 집중을 통해 행정력을 총동원 하는 것이다.

'여기서 계속 눌러 사는 것은 아닌가'

월평종합사회복지관의 최주환 관장은 무지개 프로젝트 시행 전후의 3단지 상황을 잘 알고 있다.

"한때 이 3단지에는 거리를 배회하는 사람들이 많았어요. 알코올 중독자들이 길을 다니며 사회적 불안감을 조성했죠. 3단지 주민들 간에도 단합이 안 돼 갈등이 만연해 있어서 툭하면

싸움질을 하는 사람들이 많았습니다."

주민들의 싸움으로 119 구급차가 수시로 드나들었다. 노인이 사망했는데 3주 만에 발견된 일도 있었다. 이처럼 사회복지의 사각지대로 인식되었다. 주변 지역과의 격차로 인해 사회적 배제 현상이 나타났다.

가장 극단적인 것이 학교 간 격차로 인한 소외 문제다. 3단지 지역의 초등학교에 다니는 한 학생이 교회에서 알게 된 다른 학교에 다니는 친구 집으로 놀러 갔다. 그 친구 어머니가 '너 어느 아파트에 사느냐'고 묻자 그 학생은 빨리 대답을 못하고 망설였다. 학생이 돌아간 뒤 친구 어머니가 아들에게 '그 동네 아이들이랑 어울리지 말라'고 주의를 준 것이 그 사례다.

3단지 주민들은 사회 경제활동의 제약으로 정보력이 부족해 자활이나 경제활동이 저하되고 빈곤이 지속된다. 심리적 위축과 무기력감의 확산은 편견이나 기피 등 사회적 배제현상으로 연결된다. 이런 저소득 취약계층의 증가가 가속화되면 사회문제가 양산되고 지역공동체는 붕괴된다.

월평종합사회복지관에서 근무했던 최낭숙 씨는 지역사회 복지에 관심이 많아 1996년부터 영구임대아파트 단지에 거주했다. 최 씨가 기고한 글을 요약 정리해 보면 취약계층 주민들의 상황이 잘 묘사되어 있다.

이 지역은 영구임대아파트이고 주변은 모두 민영아파트인데 양쪽의 생활 차이가 많이 난다. 또 이쪽에 사는 분들의 자아존중감이 낮고, 특히 여성들이 남성들로부터 많이 치이고 있다. 물론 경제적인 어려움도 있지요. 그래서 수다를 떨고 뜨개질도 하면서 각자 자기 정체감을 강화하도록 토론하고 있다. (중략)

월평 주공아파트 단지가 월평동에서는 '외로운 섬'이라고 많이 이야기한다. 이쪽에 사는 분들이 느끼는 것 중의 하나가 빈부격차다. 취학 아동들이 생기면 그런 것을 더 많이 경험한다. 이분들의 욕구라든가 정신면에서 열등감이 강할 것 같다. 구체적으로는 돈이 문제다. 이들은 어떻게 해서라도 이 지역을 벗어나려고 한다. 그 주요 원인을 사회 구조라고 생각한다. 이곳에는 장애인이나 어르신들이 많이 산다. 몇몇 알코올 중독자나 장기 실직자를 빼놓고는 열심히 살려는 분들이 많다. (중략)

보통으로 사는 분들은 이곳을 떠나 다른 지역으로 갔다. 새로 이쪽으로 이주해 오는 분들은 IMF 이후 건강했던 가정이 파괴되어 문제를 안고 있는 가정들이다. 또 한 부류는 생활이 아주 어려운 독거노인과 장애인들이 많이 들어온다. 그전에는 일반인과 수급자 비율이 어느 정도 맞아 지역사회의 슬럼화에 대한 인식이 덜했는데, 기초수급자들이 많이 들어오면서 자신감을 상실한 경우가 많다.

'아, 여기서 계속 눌러 살게 되는 것은 아닌가' 하는 생각을 많이 한다. 여기 사는 분들의 동요가 많다. 복지관 직원들 중에서도 '아이들이 어렵다. 엄마가 집을 나갔다는데…' 라는 이야기를 한다. IMF가 심해지면서 주부들이나 나이 드신 분들이 일용직을 구해 식당이나 공장 등으로 나가면서 야간에 아동을 돌보는 게 힘들게 되었다.

— 『좋은 지역사회 만들기』(최옥채 외 지음. 현학사)

공공미술 활용

월평2동 무지개 프로젝트는 2009년까지 추진할 단기적 사업으로 생활시설의 개선과 쾌적한 정주환경 조성, 지역실정에 맞는 계층별 맞춤형 복지 시스템 확충, 생활이 어려운 청소년의 학습여건 개선과 자활지원을 그 목표로 잡았다.

지속적으로 추진할 장기적 사업은 저소득층 주민의 자활능력 배양을 통한 빈곤 탈피를 유도하고 건전한 생활문화 정착과 어울려 사는 건강한 지역공동체 복원에 초점을 두었다. 이를 위해서는 재정의 효율적 투자와 지역사회 학교와 민간복지자원을 최대한 활용할 필요가 있었다.

사업이 시작되자 나는 담당 공무원들을 데리고 현장을 방문해 동네 주민들의 의견을 들었다. 주민들은 다양한 요구를 했고 때로는 시장이 곤란할 정도로 많은 질문을 던졌다. 주민들이 요구한 의견들은 거의 수렴돼 사업으로 시행됐다.

공공미술로 꾸며진 담장

　월평 복지관은 무지개 프로젝트 사업의 일환으로 '예쁜 동네 만들기'를 하며 주민들의 참여를 유도했다. 저소득층 집단거주 지역의 주변 환경을 지역 주민이 참여하는 공공미술작업을 통해 획기적으로 개선하여 주민들의 삶의 질과 자긍심을 제고시키고자 하는 의도가 있었다.

　저소득층 영구임대아파트 지역은 입주 후 15년이 경과하면서 환경이 열악하게 변했다. 더구나 주변지역이 아파트로 둘러싸여 있어서 매우 삭막해 예쁜 동네만들기 사업의 필요성이 제기됐다. 공공미술은 아파트 단지의 생활문화 환경을 개선함으로써 지역 주민의 정서를 함양한다. 아울러 지역 주민의 자발적인 참여로 공동체문화를 형성시킬 수 있다. 뿐만 아니라 월평 주공 아파트 단지에 대한 부정적 이미지를 불식시킬 수도 있을 것이다.

이 사업을 시행하기 위해 지역추진협의체가 구성됐다. 최 복지관 관장과 월평2동 동장이 공동대표를 맡아 주민들의 의견을 수렴해 공공미술 전문가들과 면담을 하고 현장을 방문했다. 이 자리에서 부조물, 조형물, 벽화 등의 설치 장소를 협의하고 공공미술연구소와 협약을 체결했다.

주민자치센터는 사업의 원만한 추진을 지원하고 대전시 지역혁신협의회 자문단 위원의 컨설팅 실시로 자문 및 보완을 받았다. 예쁜 동네만들기 사업 결과 아파트 단지 군데군데에 미술작품이 채워졌다. 동네가 예뻐지니까 더 예쁘게 하려는 사람들의 목소리도 커졌다.

학교가 지역사회 센터로 거듭나기 위해서 담장을 헐고 주민들에게 개방할 필요가 있었다. 이 과정에서 일부 담장에 벽화를 그려 넣었다. 벽화가 완성되자 좋다는 의견이 있는가 하면 부정적으로 바라보는 사람도 있었다. 예전에는 무슨 그림이 그려졌든 별 관심을 보이지 않았을 사람들이 너도 나도 관심을 보이는 것이었다.

아파트 단지에 외부 사람이 폐차를 하고 간 경우도 있었지만 주민들은 별 관심을 보이지 않았다. 그러나 환경이 변하자 우리 아파트 단지에 타 지역 사람들이 주차를 못하게 해야 한다는 의견이 나왔다. 동네에 애착심이 생겨난 것이다. 3단지는 복지관 관장을 비롯해 부녀회, 통장단, 경로당, 등 9명의 자치위원들이 모여 동네 문제를 해결하고 있다.

작은 나눔으로 행복한 벼룩시장

무지개 프로젝트가 가시적인 성과를 나타내는 데는 복지관의 역할이 컸다. 2009년 3월 개최한 '작은 나눔, 행복 발견'이라는 주제의 벼룩시장은 3단지 주민과 인근 주민들을 하나로 묶는 축제 마당이었다. 이 행사는 이마트 월평역점 앞 광장에서 개최됐는데 2천여 명이 참석해 자원 재활용에 대한 높은 관심을 보여 주었다.

주변 아파트 단지의 주민들은 도와준다는 생각 없이 자연스레 어울려 축제 분위기를 보여주었다. 자원봉사자도 100여 명이 참석한 가운데 중고물품 판매, 직거래 장터, 먹거리 장터, 알코올 상담, 네일아트, 풍선아트 등 20개 부스에서 다양한 물

벼룩시장 행사장 ▶

품이 거래됐다.

3단지도 한 개의 부스를 차지해 주변 아파트 주민들과 어울렸다. 부녀회에서 주민들에게 물건을 기부 받아 부스에서 판매를 해 300만 원의 수익금을 냈다. 이 돈은 위기가정 지원을 위해 사용되는 것이다. 부녀회는 주민들이 어려운 가운데 돈을 모아 어버이날 노인들에게 식사를 대접하기도 한다. 이때 이웃 아파트 노인도 초청해 함께 식사하며 소통의 시간을 갖는다.

'골라 골라 천 원'을 외치던 자원봉사자 최명숙 씨는 "이렇게 많은 주민들이 참여할 줄은 몰랐다"고 말하면서 함박웃음을 지었다. 최 관장은 "자원의 재활용과 나눔의 문화가 긍정적인 상승작용을 이룰 수 있을 것으로 본다"며 이런 행사를 정례화할 것이라고 한다.

대부분의 물품들은 지역 자생단체 및 주민 등이 자율적으로 참여하여 수거한 재활용품들이다. 이 벼룩시장은 기증자들의 애장품과 시민들이 평소 사용하지 않는 헌 물건들을 싼 가격에 내놓아 주민들에게 양질의 물품을 구매할 수 있는 기회를 제공해 참가자들의 반응이 좋았다.

주민들과 직접 대면하는 복지관의 이런 행사를 통해 사실 겉으로 드러나지 않게 공동체 복원에 한 발 다가서는 셈이다. 무지개 프로젝트는 취약지역의 환경을 개선해 칙칙한 동네 이미지를 벗겨 주민들의 단결심을 불러일으킨다. 주민들이 주변 지역 거주 민들과 당당하게 어울릴 수 있는 자신감을 갖도록 하는 것이다.

대전의 마당극단인 '좋다'는 '함께 만드는 행복 무지개' 공연 사업을 기획하고 있다. 이에 따라 대전시는 '2009 찾아가는 문화활동'의 일환으로 무지개 프로젝트 지역을 포함시켰다.

돈에 관한 이야기를 다루고 있는 '그럴 리가 얼라리요'라는 공연을 통해 진정한 돈의 의미와 행복을 이야기한다. 복지관은 이런 프로그램을 주민자치단체의 소모임 공연으로 끌고 가 지역주민들과 함께 만들어 가는 축제를 이끌어내는 것이다.

녹색가게는 주민들로 구성된 10여 명의 자원봉사들이 교대로 운영을 맡고 있다. 주민들이 옷, 신발, 그릇 등의 생활용품을 기증하면 지역화폐로 교환해 준다. 폐식용유를 모아서 비누로 만들어 팔기도 한다. 그 수익금을 모아 복지기금을 만든다. 녹색가게는 단순히 물건만 거래하는 것이 아니라 지역 주민들의 사랑방 역할을 하고 있어 소통의 공간이 된다.

쥐꼬리 월급이라도 일터가 있어 좋아요

3단지 내에는 장애인 공동작업장을 설치해 운영하고 있다. 이 작업장은 장애인을 대상으로 재활 및 사회적응 훈련에 도움이 된다. 작업장에서 하는 일은 바지 실오라기 제거, 양복걸이

작업, 한약재 주머니 만들기, 사탕 포장 등 단순한 업무지만 장애인들은 일거리가 있다는 즐거움에 주민들과 잘 어울린다.

서구 도마동에 사는 남인숙 씨는 아침마다 1시간 넘게 걸려 월평장애인 보호 작업장으로 출근을 한다. 장애로 인해 오고 가는 것이 힘들긴 하지만 일이 있는 일터이기에 부지런히 출근을 한다. 작업장에는 그동안 집에만 있던 장애인들이 휠체어에 앉아 열심히 손을 놀리고 있다.

매일 텔레비전만 보며 칩거생활을 하던 서원일 씨도 이곳에 나와 일을 하면서 사회생활을 익히고 있다. 김봉선 씨는 '다 좋은데 월급이 너무 적은 게 흠'이라며 아쉬워하지만 계속 일을 하고 싶은 표정이다. 이런 공동작업장은 장애인들에게 '누군가 우리들에게 관심을 가져주는구나'라는 생각을 갖게 하거나 '세상 살 만하다'는 위안감을 안겨줄 것이다.

무지개 프로젝트의 중점 사업의 하나인 저소득층 자활 지원을 위해 맞춤형 인력은행을 운영하고 있다. 주로 인터넷 미사용자에 대한 취업 알선 인력 시스템 구축을 통해 자활을 지원한다. 취업희망자들은 전문적인 기술과 사회 적응력이 부족하고 구직정보에 어둡다. 맞춤 인력은행은 이들에 대한 상담과 조사를 통해 일자리를 알선한다. 이를 위해 서구청에서 전문 상담사를 파견했다.

전문취업상담은 취업을 희망하는 장애인, 한부모 가족, 조건부 수급자, 노인, 차상위 계층, 주부들을 대상으로 한다. 취업은 취약계층 주민들에게 자아를 실현하고 삶의 질을 향상한다는 측면에서 중요한 활동이다.

장애인 공동작업장

취업상담에서는 상담자와의 면담을 통해 직업 선택 및 직업과 관련된 다양한 적성이나 흥미를 측정하고 상담자에게 적합한 직업 정보를 제공한다. 아울러 상담자의 신상명세서를 고려하여 워크넷에 구직등록 처리를 한다.

고령자들은 주차관리, 사무실 청소, 경비원 등 단순 노무직이 많고 여성가장들은 대형마트 계산원, 상점 판매원, 식당 주방, 홀서빙 등의 직종이 많다. 허위광고에 넘어가지 않도록 주의를 주는 것도 중요하다.

수급자 중에는 일자리가 생겨도 취업을 하지 않으려는 사람도 있다. 취업을 하면 수급자 대상에서 탈락하게 되는데, 직장을 잃을 경우 다시 수급자 신청을 하는 것이 쉽지 않기 때문이다. 그런 사정도 충분히 헤아려야 한다.

특히 장애인일 경우 근로의욕마저 상실해 취업활동을 하지 않는 사람이 많다. 이런 문제에는 장애인에 대한 기업의 인식이

장애인 보호 사업장

중요하다. 장애인에 대한 사회복지 서비스는 장애인의 사회통합과 정상화를 위한 기초역할을 하며 장애인 복지의 질을 측정하는 요소다.

장애인 공동작업장은 지역사회 통합을 위한 적극적인 행정 서비스다. 장애인들은 지역사회 내에서 재활이 이루어져야 가정과 지역사회에 함께 어울려 살아갈 수 있다. 장애인에 대한 일거리 제공은 장애에 대한 편견을 불식시키는 통합 프로그램이라 할 수 있을 것이다.

빈부 격차로 인한 소외문제는 장애인들에게 더 심각하게 나타난다. 성장 위주의 발전 논리는 분배의 차원에서 이루어지는 복지 재정의 약화를 초래했다. 이들 취약 계층에 대한 배려는 '선택과 집중의 행정 방식을 통해 복지 수요를 어느 정도까지 충족시켜야 하는가'라는 문제를 제기하고 있다.

장애인 관점에서 주거환경 개선은 휠체어나 유모차가 다닐 수 있는 환경개선에서부터 시작된다. 장애인이나 노인뿐 아니라 모든 계층의 사람들이 불편 없이 다닐 수 있는 공간을 확보하는 '유니버설 디자인'(Universal Design) 개념이 도입되어야 한다. 이것은 지역공동체 주민 모두가 불편함이 없는 환경을 말한다. 무지개 프로젝트는 이런 개념을 충실히 따르고 있다.

담장 허물어 마음의 문을 열다

무지개 프로젝트 시행 이후 월평2동에서는 크고 작은 변화들이 감지됐다. 복지관만 하더라도 도시가스가 들어오지 않아 석유나 전기 판넬로 난방을 하고 있어 위험이 도사렸다. 이용자들이 불편한 것은 말할 것도 없었다. 월평복지관과 한밭복지관에 도시가스가 공급되면서 이용자들의 편의가 도모됐다.

복지관에서 노인들과의 면담을 통해 60여 명이 거주하는 경로당의 시설을 교체했다. 주방 조리기구를 바꾸고 실내환경을 개선하자 노인들이 즐거워했다. 각종 시설이나 인테리어를 할

성전초등학교 담장 철거 사업

때는 주민들의 의견부터 수렴하는 것이 일상적인 일이 됐다.

최 관장은 '무지개 프로젝트는 시설 설치라는 하드웨어와 프로그램 운영이라는 소프트웨어가 적절하게 갖추어진 사업'이라고 평가한다. 복지관이 그동안 나름대로 다양한 프로그램들을 운영했지만 무지개 프로젝트가 시행되면서 시너지 효과가 났을 것이다. 무지개 사업이 지역 기반을 조성했고 주민들이 필요로 하는 시설들이 설치되었다.

아파트 단지를 둘러싸고 있던 담장 허물기는 가장 눈에 띄는 성과 중의 하나다. 담장이 허물어지고 단지내 물리적 환경이 개선되면서 주변 주민들의 출입이 많아졌다. 지역 축제는 이들을 한 단계 더 가깝게 만들었다.

초등학교의 담장 허물기도 마찬가지다. 학교는 교장 책임 하에 운영되므로 지역 주민들과의 협의가 쉽지 않을 수도 있다. 담장이 허물어지면서 학교와 지역사회가 하나의 공동체가 되었고, 주민들의 마음의 벽도 허물어져 살기 좋은 마을이라는 애착심을 불러 일으켰다. 인근의 남성중학교도 담장을 헐어 조경사업과 체육시설을 보강해 지역사회의 중심으로 조성된다.

정주 공간의 환경이 달라지면서 주민들의 표정이나 말씨도 달라졌다. 체육시설에 흥미를 느끼는 주민들은 끼리끼리 모여 운동을 하면서 동네 이야기를 주고받았다. 주민들이 주변 아파트 지역에 대해 느끼던 위화감도 많이 사라졌다. '이쪽과 저쪽이 다를 게 뭐 있느냐'는 이야기도 나왔다.

3단지 지역에는 낮에도 차들이 많이 주차돼 있는 것을 볼 수 있다. 밤에 일하고 낮에 쉬는 주민들도 많기 때문이다. 이들은 무지개 프로젝트 공청회에 참가하지 못해 사업의 내용을 잘 모르는 경우가 많다. 그래도 '시에서 뭔가 의미 있는 일을 하고 있구나'라고 생각한다.

무지개 프로젝트가 시행돼 가시적인 성과들이 나타나면서 주변 아파트 단지의 주민들이 '세금 받아서 엉뚱한 곳에 다 쓴다'

는 불만의 소리도 들려왔다. 그런 주민들도 무지개 프로젝트가 함께 잘 사는 운동임을 알게 될 것이다.

무지개 프로젝트가 시행되기 전에도 이 아파트 단지에 사람이 살았지만 사람 사는 냄새가 나지 않았다. 이제 물리적 환경개선으로 동네가 밝아졌고 주민들의 소통이 이루어졌다. 무지개 프로젝트의 성과는 양적으로 계산하기 어렵고 돈으로 환산하기도 어렵다. 그러나 정서적으로는 주민들에게 참여의식을 높여 동질감을 느끼게 했을 것이다.

| 법동 |

'나도 한때는 잘 나갔는데…'

시가 무지개 프로젝트 2단계 사업 공모를 받은 결과 대덕구는 법1동과 2동에 위치한 영구임대아파트 2곳을 사업지구로 올렸다. 법동은 계족산을 배경으로 다양한 계층이 거주하는 신흥 거주 전용지역으로 거주인구의 98% 이상이 아파트에 살고 있다.

법동은 대덕구 면적의 4%에 불과하지만 인구수는 대덕구의 18%를 차지할 정도로 인구가 몰려 있다. 이 지역은 기초수급자를 비롯한 저소득층의 밀집으로 복지행정 수요가 급증하고 있는 곳이다. 또 교육복지우선투자지역으로 선정될 만큼 복지공급이 필요한 지역이다.

법동의 영구임대아파트 단지에는 3천 200여 세대가 거주하고 있는데 이 중 기초수급자가 2천 세대를 차지한다. 또 장애인 2천 명, 독거노인 300여 명, 새터민 70여 명, 한부모 가정 2천 600여 명이 함께 거주하고 있다. 주민들의 80% 정도가 정부로부터 지원을 받아 생활하는 사람들이다.

특히 법2동의 종합사회복지관이 들어서 있는 한마음 영구임대아파트 단지에는 현재 1천 770세대, 4천 명이 거주하고 있으며 이 중 916세대 1천 881명이 기초생활수급자로 생활하고 있다.

법동 무지개 프로젝트는 총 36개 사업이다. 이 중 사업규모가 가장 큰 것은 한마음 아파트 주거환경 개선사업이다. 내부 환경을 개선하기 위해 싱크대, 벽지, 실내등, 장판, 보일러 등을 교체하고 외부의 담장, 문주, 창고, 보안등, 도색, 운동시설 등을 설치했다.

이 아파트 가구 전체를 대상으로 리모델링 사업을 해야 하는 절박한 사정이 있었다. 이상만(73. 무지개 운영위원장) 씨는 입주 후 몇 년 동안 주민들과의 일상적인 소통마저 없어 매일 밖으로 다니다시피 했다고 한다.

아파트 정문과 담을 교체하기 전(위)과 후(아래)

외롭고 쓸쓸하게 사는 삶은 활기가 없다. 미국 병원의 암병동에서는 매달 암환자들을 강당에 불러 모아놓고 하고 싶은 이야기를 모두 털어놓게 한다. 환자들은 모두 암치료가 무서운 것이 아니라 가족들과 떨어지고 사회로부터 격리되는 느낌이 두렵다고 한다. 집에서 가족과 지내며 치료 받으면 정서적으로 안정이 되어 치료결과가 더 좋다고 한다.

과거 이 아파트는 칙칙한 블록 담으로 둘러싸여 마치 교도소 같은 분위기를 풍겼다. 주변의 중산층 아파트에서 볼 때는 고립된 섬처럼 보였을 것이다. 바람이라도 부는 날이면 검정 비닐봉지가 둥둥 떠다녔다. 사람들은 창문을 열고 예사로 쓰레기를 버려 동네가 영락없는 빈민굴을 연상시켰다. 해가 지면 부근의 나대지는 어두컴컴하고 음습해 무슨 일이 일어나도 모를 정도로 사각지대였다. 사람들은 가슴속에 불덩어리를 담아 두고 사는 듯 세상에 대해 오기와 패배의식만 키웠다.

"나도 한때는 잘 나갔는데 어쩌다 이런 곳까지 흘러왔는지 모르겠다."

상가 주변에는 이런 말을 뱉으며 세상을 원망하는 알코올 중독자들이 길거리를 점령했다. 학생들은 공부할 공간이 없어 학업에 대한 의욕을 잃었다. 장애인들은 문 밖을 나가도 마땅히 쉴만한 곳이 없었다. 이런 공간에 물리적 변화를 시켜 사람들의 마음을 바꾸고 주민들이 나서서 예쁜 동네로 가꾸게 하는 것이 무지개 프로젝트다.

무지개 프로젝트는 공무원들이 먼저 생각해 구상을 하는 것이 아니라 주민들의 요구사항과 아이디어를 수렴해 설계에 들어갔다. 주민들의 주거환경이 바뀌면 마음도 새로워지고 자신감도 생기기 마련이다. 주민이 주인이라는 의식이 없으면 예쁜 동네, 정이 넘치는 동네를 만들기 어렵다.

무지개를 위한 주민 자조 모임

무지개 프로젝트가 본격 시행되기 전에 주민들과의 사업설명회 자리를 마련했다. 이를 계기로 법2동에서는 종합사회복지관이 매개 역할을 해 주민 자조 모임이 만들어졌다. 무지개 한마음 운영위원회가 탄생한 것이다.

지역주민을 대표하는 조직은 지역주민(한마음 운영위원회), 새터민(내고향회), 한부모 가정(세잎 크로바), 장애인(한맘회), 조부모 가정(소망회), 결혼이주여성(기쁨&행복) 등 6개 단체 25명으로 구성되어 있다.

마을가꾸기나 이웃돕기 등의 행사가 있을 때는 운영위원회가 소집되어 각 모임의 대표들이 주민들에게 참여를 유도한다. 학부모들은 자녀를 데리고 오도록 해 함께 어울린다.

모든 행사는 주민이 주최가 되어야 마을에 애착심이 생기고 공동체 의식이 형성된다.

법동 지역 무지개 프로젝트 중 도배와 장판을 하고 싱크대를 교체하는 아파트 내부 환경 개선작업은 3년 이상 걸리는 사업이다. 독거노인이나 장애인 가정을 수리할 때는 자원봉사자들이 참여해 집안 가구를 모두 옮겼다가 작업이 끝나면 다시 원위치 시켰다.

사업 설명회 때 이 사업 내용을 들은 주민들 중에는 '설마 집안까지 깨끗하게 해주겠느냐'며 반신반의했다가 한 집, 두 집 개선작업이 이루어지자 주민들 간의 소통이 이루어졌다. 무지개 프로젝트가 이웃 간에 이야깃거리를 만들어냈다.

아파트를 둘러싼 담장을 헐어 버리고 바깥이 잘 보이고 소통이 잘 되는 울타리로 바꿨다. 바로 옆 아파트 주민들과 왕래할 수 있는 쪽문도 만들었다. 보도를 정비하고 쉼터를 만들고 체육시설을 설치하자 주민들이 예쁜 동네가꾸기에 열정을 보였다.

아파트 뒤편에 테니스장이 있었지만 파란 색 천막으로 가려져 있어 그 안에 누가 운동을 하는지 잘 보이지도 않았다. 테니스를 하는 사람은 모두 외부인들이었다. 주민들은 테니스를 할 만한 여유가 없었고 누구 하나 나서서 권리 주장을 하는 사람도 없었다. 이 테니스장은 자연히 주변 아파트 주민들이 독차지했다. 무지개 프로젝트가 시작되자 주민들이 자각을 하기 시작했다.

"우리 아파트 단지에 있는 체육시설인데 남들이 와서 이용하는 게 말이 되느냐. 우리가 다른 아파트 가서 놀 수 없지 않느냐."

"임대아파트에서 가난하게 산다고 우습게 보는 거냐."

주민들은 아이들이 놀 공간이 없다며 체육시설이나 놀이 공간을 만들어 줄 것을 요구했다. 마침내 주민들과 기존 이용자들 간에 마찰이 일어났다. 이용자들의 주장도 만만치 않았다.

"임대아파트는 정부에서 운영하므로 시예산이 나갈 텐데, 왜 이 아파트 주민만 사용해야 하나?"

"테니스장이 있는데 또 예산을 들여 체육시설을 해야 하나?"

이때 주민 운영위원회가 나서서 체육시설을 하는 것으로 마무리됐다. 만일 관공서가 나서서 해결을 했다면 쉽게 끝나지 않았을 것이다. 주민들은 한 목소리를 냈다.

"관공서라고 해서 우리가 사는 지역을 마음대로 하면 안 된다."

주민들은 그런 의견을 모아 무지개 프로젝트 팀에게 전달했다. 시는 주민들의 의견을 받아들여 음습했던 공간을 다목적 체육장으로 바꾸어 놓았다. 아이들은 인라인 스케이트장이 생겼다며 즐거워했다. 계족산을 가기 위해 아파트 단지를 통과하는 이웃 주민들도 '동네가 환하게 변했다' 며 관심을 보였다. 주민들은 자신감을 갖기 시작했다.

주민 자조 모임은 매월 정기모임을 통해 마을의 문제를 제시하고 해결의 실마리를 찾는다. 무지개 프로젝트는 주민들에게 자긍심을 불러 일으켰다. 영구임대아파트에 산다는 것이 기죽을 일이 아님을 깨우쳐 주었다. 주민들이 내 의견을 당당하게 말하기 시작했다.

모자 가정의 한 어머니는 "저는 혼자 아이를 키우고 사는데 집안이 협소하니 학습공간을 만들어 달라"는 요구를 했다. 많은 사람들이 모인 자리에서 자신의 처지를 당당하게 밝히고 요구하는 것은 예전에는 쉽지 않았을 일이다.

주민 자조 모임이 활성화되어 주민조직이 지역사회의 발전을 이루기 위해서는 다양한 상호작용을 필요로 하고 있다. 이러한 차원에서 단합대회는 주민들 간의 친목을 통해 행복한 마을 만들기에 대한 의지를 강화시킨다.

자원봉사는 인간적 소통의 수단

법동은 영구임대아파트 단지를 중심으로 한 자원봉사 활동이 두드러진다. 사회복지관에서는 '무지개 7바라밀 자원봉사단' 발대식을 가졌다. 어머니 봉사단, 도시개발공사 드리움 봉사단, 적십자 봉사회, 부녀회, 한남대학교 사회복지학과 봉사동아리, 한국타이어 가족봉사단, 공공기관 종사자 봉사단 등 7개 단체가 주민들의 손과 발이 되어 주고 있다.

법2동에서 나무심기 행사를 할 때는 부근 지역 자원봉사자만 200명 넘게 참가했다. 직장 다니는 사람들도 주말에 참가해 즐겁게 일한다. 주민들은 이웃과 유대관계를 맺으며 '우리도 뭔가 할 수 있다'는 자신감으로 사회적 관계를 만들어 가고 있다.

자원봉사는 개인 및 집단에서 발생할 수 있는 사회 문제를 예방하거나 해결함으로써 공동체의 생활환경을 개선시키는 역할을 한다. 사회복지 행정을 실현함에 있어 공동참여 형태인 자원봉사 활동은 인간 존중의 정신과 이타심의 구현을 통해 자기실현을 하는 데도 중요한 방법이 된다. 더불어 사는 것이야말로 도덕적 민주주의 정신에 입각한 숭고한 행위라고 할 수 있다.

새터민 중에는 남북 간의 문화 차이로 인해 자원봉사에 대한 개념을 잘 모르는 경우도 있었다. 새터민을 노인집에 방문시켜 자원봉사를 유도했다. 이것은 서로 외로운 처지의 사람들끼리 굴곡 많은 삶의 아픔을 치유하고 소통시키는 메커니즘이다. 그런데 그 새터민은 '내가 왜 노인을 도와줘야 합니까?'라는 반응을 보였다.

그러나 그도 처음 보는 자원봉사자로부터 도움을 받고 정을 주고받으면서 우리 사회에 적응의 뿌리를 내리고 있다. 곰곰 생각해보면 우리는 지역사회로부터 다양한 도움을 받고 살아간다. 물이나 공기처럼 고마움을 깨닫지 못하지만 돌아보면 감사해야 할 일들이 많다. 자원봉사는 내가 받은 도움을 다시 되돌려 주는 삶의 보너스와 같다. 우리는 전통적으로 촌락 단위의 작업 공동체인 두레 조직이 있었고 계, 향약 등의 다양한 봉사 활동 조직이 유지돼 왔다.

그러나 산업화와 도시화가 고도로 진행되면서 전통적 사회구조와 가치 체계가 변화했다. 전통적 가족 기능의 축소는 생활 안전망을 붕괴시켰다. 이에 따라 지역사회의 끈끈한 유대관계를 유지할 수 있는 공동체문화가 필요해졌다. 무지개 프로젝트가 지향하는 것은 바로 이런 공동체문화의 복원이다.

그런 차원에서 사회복지관은 취약계층 주민들을 상대로 각 분야별 복지사업을 수행하고 있다. 복지 정책만으로 충족될 수 없는 많은 부분을 복지관이 담당하고 있다. 복지관은 인간적 유대관계나 사회적 만족감 등에서 행정기관과 주민을 연결시키는 중간 협력 단체다.

법2동의 사회복지관은 새터민들과 함께 주말농장 가꾸기 사업인 '새두레 마을'을 펼치고 있다. 특수계층 주민들의 조직 강화 프로그램으로 충남 공주에 990m²(300평) 정도의 농지를 빌려 고구마, 배추 등의 농작물을 심어 가꾸는 사업이다.

이 과정에 이웃 주민들이 자원봉사자로 참가하고, 농지 주인 이나 지역주민들과도 어울림으로써 지역사회 통합을 위한 다리 가 놓인다. 같은 동네 주민들로만 구성된 자원봉사단은 별 의미 가 없다.

가을에 수확을 하면 참가자들은 1차 보람을 느끼고 이것을 불우 이웃들과 나누고 베풂으로써 상생의 생활 철학을 깨닫는 것이다. 참가자들은 매주 주말마다 도시락을 싸서 소풍 가듯 길을 나선다. 새터민과 주민들에게는 귀중한 소통의 시간이 된다. 취약계층일수록 정이 그리운 사람들이다. 이것 역시 무지개 프로젝트와 연장선상에서 행해지는 사업이다.

무지개 프로젝트 이전에도 복지관을 중심으로 무료급식이나 학습지도 등 많은 봉사활동이 이루어져 왔지만 무지개 프로젝트를 계기로 자원봉사 활동이 활성화되었다. 그동안 산발적으로 실시되어 오던 봉사활동은 무지개 봉사단이 조직되고, 각 기관의 자원봉사자들이 참여하면서 활기를 띠었다.

사람 사는 동네가 됐다

현대사회에서 바람직한 공동체는 유기적 관계가 형성된 공동체라 할 수 있다. 산업화로 인한 도시화는 인구이동으로 농촌 공동체의 위기를 몰고 왔고 도시는 공동체 역할의 상실로 개개인의 소외현상을 초래했다.

주민들은 그동안 자신을 알아주는 사람이 없었는데 무지개 프로젝트로 인해 이웃 간 이해의 폭이 넓어졌다고 말한다. 사회 통합적 변화가 일어난 것이다. 법동 종합사회복지관의 김성자 부장은 무지개 프로젝트 추진에 헌신적인 노력을 한 사람이다.

"아파트 안팎의 환경개선으로 인해 주민들의 마음이 열렸다고 봐요. 담장을 헐고 시선이 밖으로 가면서 내부의 소통이 시작됐어요. 마을이 바뀌려면 물리적 환경개선도 중요하지만 주민들의 의식이 바뀌어야 합니다. 주민들을 참여시키기 위해서는 프로그램을 다양하게 활성화하는 것이 중요해요."

김 씨는 무지개 프로젝트에 대해 "주민들이 구체적인 사업까지는 알고 있지 못하더라도, 살기 좋은 동네로 바꿔가는 사업이고, 그 과정에 참여하지 않으면 안 된다"는 공감대를 형성했다고 한다. 무지개 프로젝트는 주민들에게 소통의 역할을 하면서 '동네가 달라지니까 나도 달라질 수 있겠다'는 기대감을 높여 놓았다.

이웃 주민들과의 소통의 효과는 노인층에게서 쉽게 발견할 수 있다. 법2동에는 영구임대아파트의 경로당을 비롯하여 중산층아파트까지 5개의 경로당이 있다. 경로당만 놓고 본다면 임대아파트 단지의 경로당은 마치 섬처럼 공동화 현상이 생길 수 있다.

복지관이 노인 여가 프로그램을 운영해 노인들을 참여시키려 하자 노인들은 화투치는 데 방해된다며 거들떠보지도 않았다. 복지관 측은 노인들을 설득해 이웃 경로당 노인들도 초청하는 계기를 만들었다. 그후 노인들은 서로 동네를 오가며 함께 여행도 다니고 친구처럼 지내고 있다.

아파트 주민 중에는 다문화 가정을 이루는 세대가 있다. 주로 중국, 필리핀, 베트남, 우즈베키스탄, 라오스 등에서 시집온 여성들은 한국사회 적응에 무척 애로를 겪는다. 현재 한국에는 197개국 17만 여 세대의 다문화 가정이 있다. 결혼이주민에 대한 문제는 지금부터 접근하지 않으면 국민적 부담이 될수도 있다.

다문화 가정의 여성 결혼 연령이 평균 21세로 한국 배우자와 나이 차이가 많이 난다. 이곳 복지관식당에서 11년째 취사 자원봉사를 하는 장세정 씨는 다문화 가정의 '대모'로 통한다. 장 씨는 이들이 언어 소통을 비롯해서 고부 갈등, 육아문제, 남편의 차별 등 많은 어려움을 겪는다고 한다. 남편에게 구박을 당해 울면서 찾아와 하소연을 하는 경우도 있다. 복지관은 이들을 위해 한글교육이나 요리교실 등의 프로그램으로 적응에 도움을 주면서 소통의 시간을 마련한다.

교통사고로 중도 장애를 당해 휠체어를 타고 다니는 한 주민은 "무지개 프로젝트 이후 이웃이 한 가족처럼 되면서 삶의 질이 높아졌다."고 말한다. "이제는 다른 곳으로 이사 갈 생각이 없어졌다. 아파트 내부를 깨끗하게 리모델링한 첫날은 신혼 첫날밤처럼 쉬 잠이 오지 않았다"고 한다.

10년 째 독신으로 생활하는 양길현 씨는 처음 임대아파트로 입주할 때 거부감이 많았다고 한다. 알코올 중독자들이 길거리에 누워있는 모습을 보고 불안감이 들었다. 그러나 아파트 내외 환경이 개선되면서 그런 모습을 찾아보기 어려워졌다. 집안이 깔끔하게 바뀐 후부터 이웃 사람들을 초청해 차를 마시며 쓸쓸하게 지내는 생활을 청산했다.

물리적 환경을 개선한다고 해서 당장 소통이 이루어지는 것은 아니다. 환경개선이 하드웨어라면 프로그램은 소프트웨어에 해당된다. 행정기관이 프로그램 운영에 직접 관여할 수는 없다. 복지관이나 주민조직이 주도적 역할을 해야 하는 것이 바로 이 부분이다. 프로그램은 요리의 양념 같은 존재다.

주민들이 직접 참여해 다양한 경험을 공유하고 자신의 의견이 받아들여지면 세상사는 맛을 느낀다. 내 의견을 말할 수 있다는 것에 변화를 즐거워하고 자발성을 띄게 된다.

'오늘 만나는 날입니다.'

이 한마디가 주민조직을 통해 전해지고 주민들이 적극 참여하는 한 무지개 프로젝트는 성공적인 결과를 낳을 것이고 지속적으로 이어질 것이다.

안녕하세요. 저는 중국에서 시집 온 필영이라고 합니다. 한국에 시집온 지 벌써 8년 되었어요. 처음 시집와서는 전라도 시골에서 5년 살다가 지금은 남편하고 아들 둘 하고 대전에서 같이 재미있게 살고 있습니다. 처음 한국에 시집 왔을 때는 무엇보다 언어, 생활습관에 차이가 많아서 너무 살기 힘들었어요. (중략)

시댁 식구들이 뭐라고 하면, 저는 그냥 서운해서 집 뒤에 산에 올라가서 한참이나 울다가 내려왔어요. 그때 저는 누구하고도 말을 하기 싫고, 나 혼자 있는 세상에서 사는 것 같았어요. 남편이 저를 보면 많이 가슴 아파 했어요. 복지관에 다니면서 한국어, 문화체험 등을 배우고 친구들과 사귀면서 여행도 다녀왔어요. (중략) 저는 복지관에 다니면서 언어, 문화를 배우는 것 뿐 아니라 우리 다문화 가족들이 자신감을 키워가는 것을 배웠어요. 저는 '한국에서 아무것도 할 수 없다'고 생각했는데 지금은 이 생각을 버리고 살고 있어요.

— 법동복지 소식 39호

청소년들의 기를 살려라

복지관과 주민들과의 만남을 통해 한 부모 모임인 '세잎 크로바'는 자녀들의 열악한 학습 환경을 개선하기 위해 공부방 개설을 요구했다. 그 결과 복지관에 공부방이 마련되면서 선생님들이 참여해 지도까지 하고 있다. 그동안 이웃 아파트의 공부방은 다른 지역 학생들을 받아들이지 않아 이곳 학부모들이 의기소침해 있었다.

영구임대아파트에 거주하는 저소득가정 또는 맞벌이 가정은 자녀 방임의 우려가 있다. 부모들은 직장에 출근하고 사교육비가 부담되는 학원에 보낼 여건도 안 돼 아이들을 돌보기 힘들다. 사회복지관은 방과후 아동 보호 프로그램을 통해 학습을 지원하고 있다.

취약계층의 집안 환경개선은 한계가 있다. 주거환경 및 교육환경 개선은 아동의 정서에 밀접한 영향을 미친다. 그러나 물리적 환경 못지않게 부모와 또래 혹은 교사와의 관계 등 사회적 환경도 무척 중요하다. 저소득층의 자녀들에게는 물리적 환경과 반사회적 환경이 심리적 스트레스로 작용한다.

취약계층 아동의 자존감 강화를 위해서는 집단 활동 프로그램을 개발해야 한다. 이런 아동들에게 스포츠 지도 및 각종 놀이문화를 통해 일정 시간 동안 안전하게 보호하며 가정에서 충

법동 복지관의 어린이 공부방

족되지 못하는 신체적, 정서적 안정과 올바른 가치관 형성을 지원하는 프로그램이 필요하다. 복지관이 운영하고 있는 '다람쥐 축구클럽'이 취약계층 자녀들의 스포츠 지도를 하고 있다.

이것은 신체적 건강을 도모하고 또래 집단의 정서를 공유하게 도와주어 사회적 환경을 조성해 준다. 또한 청소년기에 접어들기 전에 성, 인터넷 중독, 약물남용 등을 예방하도록 하여 자칫 빠지기 쉬운 각종 위험들에 대한 자신들의 판단력과 의지를 높여준다.

법동 무지개 프로젝트는 청소년들의 학습여건 개선에도 많은 힘을 기울였다. 법1동에서 운영되는 '청소년 방과후 아카데미'는 취약계층의 아동을 돌보는 것과 함께 학습을 지원하고 있다. 주로 초등학교 고학년을 대상으로 하고 있다.

지역아동센터는 주로 초등학교 저학년을 대상으로 법1,2동에 각각 2군데가 운영되고 있다. 이 프로그램은 교육 문화 서비스 제공을 통한 저소득층 아동의 건전한 육성에 초점을 두고 있어 지역주민들의 호응도가 높다. 또 아동미술교실이나 영어교실은 사교육의 혜택을 받기 어려운 자녀들에게 다가가는 복지 서비스다.

세잎 크로바 이야기

맨 처음 복지관 부장님께서 한부모 가정의 엄마들 모임을 만들자고 했을 때 처음엔 많은 걱정이 되었습니다. 대부분의 엄마들이 직장을 다녀서 시간적 여유도 없을 테고 마음의 여유가 있을까, 이런저런 걱정이 되었습니다. 어떻게 하다 보니 모임이 만들어지게 되었고, 우리 모임의 첫 이름을 모두가 행복해지길 바라는 의미에서 '세잎 크로바'로 지었습니다.

첫 모임에는 인원이 그리 많지 않았어요. 모임을 할 때 마다 한 명, 두 명 모이다 보니 지금은 열 명이 조금 넘게 되었네요. 그리 많은 수는 아니지만, 처음보다 많은 인원을 보면 내심 흐뭇하답니다. 작년에 모

임을 진행해 나갈 때는 어떤 식으로 모임을 해야 하고 체계를 잡아가야 할 지 난처했습니다. (중략)

아직 부족한 것이 많은 우리 모임이지만 지속하다보면 나아지겠죠. 시간이 지날수록 고유한 빛을 바라게 되는 우리 모임이 되는 날을 손꼽아 기다립니다. 우리 세잎 크로바는 한가족 같아요.

세잎 크로바 회장

— 법동 복지 소식 4호

아이들에게 정말 필요한 것

정말 아주 오랜만에 아이들과 즐거운 시간이었습니다. 아이들을 혼자 키우게 된 것이 벌써 6년이 넘었습니다. 그 긴 시간 동안 생활고에 전전긍긍 하다 보니 주말도 주일도 제 아이들에겐 솔직히 없었습니다. 아니 사치였습니다.

가끔 친구들이나 친구 엄마들이 외출을 시켜주곤 했었지만 어딘가 모르게 그늘진 아이들 얼굴이 항상 맘에 걸렸어요. 어떻게 해야 아이들을 행복하게 해주는 건지 사실 솔직히 잘 알지도 못했던 것 같군요. 전 돈을 많이 벌어서 풍요롭게 해줘야 아이들 얼굴에 그늘이 없어질거라 생각을 했으니깐요.

그런데 6월 21일 축구경기 관람 후에 깨달았어요. 우리 아이들에게 필요한 건 많은 돈이 아니라 엄마의 관심과 사랑이라는 것을요. 함께라는 것, 같이라는 것 그게 가장 소중한 것이더라고요. 감사합니다. 제가 모르는 부분을 깨닫게 해주신 복지관 관장님 이하 어려 선생님들께 깊이 머리 숙여 감사드립니다.

우리 아이들 앞으로 조금 더 관심가져 주시고 저 또한 앞으로 우리 아이들을 위하여 더 잘 하겠습니다. 감사합니다. 그리고 사랑합니다.

— 2008년 6월 22일 성준 현준 엄마

새터민이 바라본 무지개

법2동 영구임대아파트 주민인 이영희(51) 씨는 탈북해 2006년 4월 대전으로 입주했다. 처녀 때는 선반공으로 일했고 결혼 후에는 농사를 짓고 살았다. 이 씨는 복지관의 취업 프로그램에 참가해 꿈을 갖기 시작했다. 통일이 되면 고향에 돌아가 사회복지관 설립을 위해 우송대학교 사회복지학과에 입학했다.

이 씨는 아파트에 입주한 후 너무 지저분해 이사 갈 생각만 했다고 한다. 이제는 환경이 바뀌어 오래 살 생각이라고 한다. 그녀가 무지개 프로젝트 워크숍에 참가해 발표한 수기를 소개한다.

안녕하십니까. 저는 대덕구 법동에 살고 있는 새터민 이영희입니다. 저의 고향은 북한의 제일 끝인 함경북도의 한 탄광마을입니다. 철의 도시라 불리는 김책제철소에서 고열탄을 생산하는 이 마을에서 저는 13살까지 살았어요.

제가 11살 되던 해 어느 날 우연히 한 책갈피에서 종이 한 장을 보았는데 아버님의 이력서였어요. 다른 구절은 생각나지 않는데 유독 한 구절이 눈에 들어 왔어요.

'1951년 국방군 입대'

그 순간 등 뒤에서 아버님이 종잇장을 나꿔채시었습니다. 그 이후에 저는 그 종이를 한 번도 볼 수 없었지만 가슴에 깊이 박힌 그 글줄은 지워질 줄 몰랐어요.

아버님의 고향은 충청남도 서천군 서면 도둔리입니다. 온 집안이 달라붙어 아버지 하나를 겨우 공부시켜 중학교를 졸업했는데 6·25전쟁이 터지면서 아버지는 군에 입대하시게 되었어요.

간부 후보생으로 입대를 했는데 그해 백마고지 전투에서 포로가 되었어요. 불명예스럽게 포로가 되었지만 아버님은 고향에 돌아가야 함에도 불구하고 북한의 일방적인 처사로 인하여 남한으로 오시지 못하였어요. 몽롱해지는 의식 속에서 간절한 눈빛과 손짓으로 '너만이라도 가거라. 너를 따라 내 혼이라도 가련다' 하신 아버님의 유언을 지켜 저는 이 땅에 오게 되었습니다. 저는 정부와 국방부의 도움으로 집을 떠난 지 79일 만에 생전에 아버님이 그토록 오고 싶어 하시던 대한민국에 입국하게 되었습니다. 그 날은 신기하게도 아버님의 생신인 12월 19일이었어요.

남한에 와서 1년 동안은 아무 일도 할 수 없었어요. 정말 막막했고 무슨 일을 해야 할지 생각이 떠오르지 않았어요. 이러던 중에 법동 복지관 부장님이 전화를 주셨어요.

'언니, 복지관으로 나오세요. 사업 설명회가 있어요' 하는 소리에 얼마나 기쁜지 몰랐어요. 설명을 들으니 북한 이탈 후원회에서 새터민들의 취업 정착 프로그램으로 노인 돌보기 활동을 한다는 것이었어요.

처음에는 적십자의 자원봉사자들과 함께 동행을 했는데 참 서먹서먹하고 어색하기가 그지없었어요. 우선 할머니들이 우리가 북에서 왔다가 하니까 경계하는 눈치였고 저 역시 편하지 않았어요. 그런 날들이 하루 이틀 흘러가면서 이제는 끈끈한 정으로 이어져 오고 있어요.

올해 여름에는 요양보호사 자격을 땄어요. 제가 남한에 와서 처음으로 딴 자격이라 정말 기뻤어요. 지금 저의 동네는 무지개 프로젝트 사업으로 많이 변해가고 있어요. 집집마다 장판, 도배, 조명까지 다 바뀌었고 예쁜 담장과 배수공사, 나무들, 다른 동네 사람들이 점령하고 운동을 하던 테니스장도 마을 주민들을 위해서 쓰여진다고 하니 그 날이 기대가 되요.

이렇게 좋은 분들과의 만남, 복지관의 여러 선생님들의 사랑 속에서 저의 한국생활은 적응이 되고 있어요. 저는 우송정보대학에 입학원서를 냈어요. 복지관 부장님의 격려를 받으면서 아버님의 넋이 깃든 땅

에서 저의 꿈을 이루고자 꼭 훌륭한 사회복지사가 되려구요. 울며 울
며 살아온 저의 고달픈 인생은 이제는 영영 저 멀리로 가버렸어요. 더
높은 꿈을 가지고 저는 열심히 살아갈 것입니다.

| 대동 |

행복의 조건

누구든지 잘살 때가 있고, 못살 때가 있다. 그러나 돈이 있고
없고가 우리 행복을 결정하는 것은 아니다. 행복은 우리 마음의
여유가 있느냐 없느냐가 결정한다. 비록 경제적으로 조금 어렵
고 환경이 다르다 할지라도 우리 마음이 따뜻하고 마음이 굳건
해야 행복할 수 있다는 것이 내 생각이다.

돈만 많다고 좋은 동네 된다는 건 절대 아니다. 우리들의 마
음이 풍족하고 풍요해야 한다. 대전의 취약 동네인 대동 역시
어려울수록 더 이해하고 정을 나누는 그런 동네가 됐으면 하는
바람이다. 대동이 영농사업단, 집수리 봉사단 등의 이름을 정
해 주민들이 팔을 걷어붙이고 나섰다.

무지개 프로젝트가 다양한 시책으로 여러 가지 일을 하지만
제일 중요한 것은 주민들의 마음이다. 대동에 살면서 생활에 불

편한 것이 있겠지만 우리 동네일을 우리가 하면서 일자리를 창출하는 이런 노력들이 좋은 마을을 가꾸는 일이다.

이제 세상일은 우리가 하기 나름이다, 하늘은 스스로 돕는 자를 돕는다는 얘기가 있다. 어렵고 힘들다고 좌절하고 포기하면 이루어지지 않는다. 어렵고 힘들다는 것은 내일의 희망이 있다는 것, 용기를 가지고 일어선다면 희망이 있다는 것이다.

가장 어려운 것은 희망을 포기하는 것이다. 국민소득 100불도 안되던 우리 국민들이 30~40년 만에 2만 불이라는 큰 나라를 만들었다. 잘 사는 동네를 만드는 것도 그와 마찬가지로 '하면 된다. 할 수 있다'고 확신하면 이루어질 수 있다. 무지개 프로젝트는 그런 지역의 주민들에게 꿈을 주는 사업이다.

대동에는 나이 든 어르신들이 많이 산다. 그분들이 주축이 돼서 할 수 있다는 정신과 마음을 젊은 사람들한테도 전해주실 것이다. 학생들에게 '힘들고 어렵지만 열심히 하면 얼마든지 훌륭한 사람이 될 수 있고 좋은 직장 잡을 수 있다'는 희망과 용기를 불어넣어 주는 것이 공동체문화에서 어른들의 역할이다. 그렇게 된다면 역사가 있는 대동에 산다는 것이 누구한테나 부끄럽지 않고 어쩌면 자랑스러울 수 있는 일일 것이다. 우리 동네 사람들은 비록 변변치 않아도 서로 도와주고 아끼고 사랑하며 사람답게 사는 동네라는 것에 자랑스러움을 느낄 것이다.

나는 돈 많은 사람이 늘 행복한 것이 아니라고 생각한다. 행복은 돈이 있고 없고, 지위가 높고 낮고의 문제가 아니다. 내 마음에 정을 줄 수 있는 사람이 이웃에 몇 사람이나 되는가 하는 것이 행복의 조건이 된다.

　나는 대동 주민들이 앞집 뒷집 모두 한 가족 같은 그런 동네를 만들었으면 하는 기대를 한다. 누구든지 와서 봐도 돈이 없어도 살기 좋은 동네, 정이 있는 동네가 되었으면 하는 것이다.

　지난해에 시청 산하 직원들이 열심히 해서 많은 상을 탔다. 어떤 상은 상금이 있고 어떤 것은 없다. 일을 잘 했다고 해서 상과 상금을 많이 받은 일이 과거에는 없었다. 공무원들이 밖에서 보면 불친절하고 게으름 피우는 것 같지만 대부분 충실하고 해야 할 일을 알아서 열심히 하고 있다. 그런 노력의 결과로 벌어 온 상금이 91억 5천만 원이 넘는다.

　주민들이 공무원들을 믿고 공무원들도 주민들을 가족과 형제처럼 위하고 아낀다면 대동과 대전시가 훨씬 더 멋지고 활발한 동네가 될 것이다. 나는 그런 동네를 만들겠다는 각오가 되어 있다.

　무지개 프로젝트를 추진하는 과정에서 서로 다른 의견이 나올 수도 있다. 다 같이 잘할 것 같아도 사람일이라는 것이 하다 보면 오해가 생기기도 한다. 그럴 때 슬기롭게 넘어가야 한다. 무지개 프로젝트는 여러 가지 계획들을 세웠지만 고정된 것은 아니다. 주민들의 의견을 다시 듣고, 고칠 것은 고쳐서 공무원들과 주민들이 함께 하는 일이 무지개 프로젝트다. 그런 과정 속에서 동네가 달라지는 것이다.

용산 철거민 관련 보도에서 당시 뉴타운이라는 개발방식에 어려움이 많다는 얘기를 많이 들었다. 그러다보니 방송국으로부터 인터뷰 요청이 많았다. 대전에서는 무지개 프로젝트를 한다는 데 어떤 사업이냐고 물었다.

나는 '어렵고 힘들지만 우리 주민들이 나서서 스스로 동네를 가꿔가는 사업'이라고 자랑스럽게 대답한다. 언론에서도 무지개 프로젝트에 대해 관심을 보이기 시작했다. 관심을 가져줄 때 잘못하면 관심 없을 때보다 더 망신스러울 수 있다. 이 사업을 성공시켜서 누구든지 대동에 왔을 때 주민들이 어떻게 꾸며놓고 오손 도손 사는지 보여줄 필요가 있다.

한 사람의 주민도 몰아내지 않는다

취약계층이 밀집해 있는 낙후된 도시를 살리는 도시재생은 세계적인 관심사다. 재개발, 뉴타운 사업 등이 부작용을 드러내면서 다양한 사업이 추진되고 있다. 도시재생은 지방정부가 추진하고 지원하되 주민들이 떠나지 않고 리모델링에 참여하는 방향으로 전개되고 있다.

선진국의 살기 좋은 동네만들기 추진과정에서는 정부의 지원과 기획 아래 지역주민의 참여가 중요한 역할을 하고 있다. 우리나라도 국토해양부가 도시재생사업단을 통해 도시재생에 대한 연구 개발을 하고 있다. 대규모 연구 인력이 참여해 '쇠퇴도시 유형별 재생기법 및 지원체제 개발' 등의 핵심 과제에 국가 예산이 투입된다.

행정안전부에서 살기 좋은 지역 만들기 사업의 일환으로 주민 주도의 동네만들기 분위기 조성을 위해 마을가꾸기 사업을 확산시키고 있다. 현재 전국의 232개 시군구 중 157개(67.6%) 시군구가 참여해 살기 좋은 마을가꾸기 사업을 추진중에 있으며, 특히 전국 16개 시도 중 대전 지역은 선택과 집중의 원리에 의해 주민들이 높은 열의를 보이며 참여하고 있다. 이것은 과거 관 주도의 획일적이고 위로부터의 지역개발 방식이 아닌 주민 주도의 지역특성을 살린 것으로 효과적인(실효성 있는) 지역공동체 운동으로 거듭날 수 있을 것이다.

기존 도시구조를 해체하지 않으면서 도시 공동체를 복원하려면 전면 재개발을 피하고 소규모의 단계적 방법을 사용해야 한다. 전국 지방자치단체들은 도시재생에 대해 다각적인 방법을 연구하고 있다. 특히 대전시의 무지개 프로젝트는 학계에서 동네재생의 획기적인 계기가 될 것으로 기대하고 있다. 뿐만 아니라 타 시도에서 벤치마킹의 대상이 되고 있다.

무지개 프로젝트는 지역주민의 호응과 함께 대외적으로 빈곤 동네 재생을 위한 모범적 복지모델이라는 1,2단계의 성과를 바탕으로 3단계 사업이 전개되었다. 시는 자치구 대상 공모를 통해 동구 대동과 중구 문창, 부사동을 3단계 대상 지역으로 확정했다. 대전시와 자치구가 주민의견을 수렴한 후 2009년 1월부터 사업이 추진됐다.

동구 대동과 중구 문창, 부사동은 1,2단계 지역이 모두 아파트 단지였던 것과 달리 단독주택 지역이다. 6·25전쟁 이후 피

예쁜 동네만들기 사업이 진행중인 대동

난민들이 정착한 대동은 노후주택 및 빈 집이 밀집해 있는 가운데 비탈진 골목길로 연결된 전형적인 달동네 지역이다. 노인 중심의 저소득층이 대다수 거주하며 기초생활수급자 비율도 6.4%로 동구 지역 평균 5.0%보다 높은 편이다.

중구 문창, 부사동 역시 노후된 기반시설과 고지대 불량 소형 주택이 몰려 있는 달동네 지역으로 저소득층과 서민층이 대다수 거주해 기초수급자 비율이 7.1%로 중구 지역 평균 4.1%보다 훨씬 높다.

주민들의 불안감

무지개 프로젝트 3단계 지역인 대전 동구 대동, 중구 문창, 부사동은 낡고 누추한 단독주택이 밀집된 곳이기 때문에 도시재생적 관점에서 사업을 펼쳐야 했다. 무지개 프로젝트 사업 내용을 잘 모르는 주민은 철거에 대한 우려를 했을지도 모른다.

원주민을 밖으로 내몰고 철거를 한 다음 아파트를 짓는 기존 재개발과는 방식이 다르다. 주민들을 내쫓아 봐야 또 다른 지역의 달동네로 흘러갈 것이다. 무지개 프로젝트는 도시재생사업이면서 주민참여형 복지모델이다. 주민들이 참여의식을 갖도록 유도하고 시의 관리 감독 하에 행정적 재정적 지원을 하는 것이다.

아파트 지역과 달동네 지역주민들을 대상으로 실시했던 한 조사에 의하면 깨끗한 아파트보다 달동네 주민들의 주거만족도가 더 높게 나타났다. 달동네는 비록 물리적 환경은 열악하지만 이웃관계가 좋아 만족도도 높았다. 전통적인 공동체 부락이 더 살기 좋다는 설명이다.

사람들은 인정이 있는 동네에서 살기를 원한다. 이런 동네는 결속적 사회자본이 많이 형성된 곳이다. 즉 심리적인 만족도가 물리적인 만족도를 능가함을 알 수 있다. 아파트는 깨끗해졌지만 이웃관계가 멀어지고 주거환경 만족도가 더 떨어졌다.

달동네를 철거시키지 않고 주거환경을 개선한다면 심리적인 만족도가 물리적 열악함을 극복할 수 있을 것이다. 무지개 프로젝트는 주민들이 살던 터전을 그대로 유지하면서 주민들이 참여하는 환경개선 사업이다. 주민참여는 우리도 뭔가 협력하면 달라진다는 만족감을 준다.

대동만 하더라도 지금은 비탈진 골목길에 집들이 밀집돼 있어 이동이 불편하지만 주거공간을 최대한 편리하게 만들어 보다 편안하게 살 수 있는 공간이 탄생할 것이다. 그러기 위해 주거와 복지, 문화, 교육 등 모든 분야에 걸쳐 동시다발적이고 속도감 있게 사업을 추진할 필요가 있다.

무지개 프로젝트 3단계 사업은 2008년 9월까지 시행한 지역별 주민설명회에서 제기된 주민건의사항 38개를 확장해 총 49개 사업으로 확대했다.

재개발 되면 오갈 데 없어요

1976년 도시 재개발 사업이 시행되면서 다양한 시설들의 양적 공급에만 치중하다 보니 주민들의 삶과 공동체문화가 붕괴되기에 이르렀고 주변 지역과도 문제점을 노출했다. 선진국들도 이런 정책에 대해 한계를 느끼고 정책 대안 마련을 물색중이다.

도시재개발은 가옥이나 토지 소유자 중심으로 추진됨에 따라 현지 주민들의 참여가 부족했다. 원주민의 재정착율이 감소되고 쪽방으로 쫓겨나거나 취약계층으로 몰려 소외현상을 초래했다. 개발이익에 따른 공동체의 갈등과 불신도 조장됐다.

대동지역은 그동안 2차례의 재개발 사업 논의가 있었다. 정주민들보다는 건축업자나 땅주인들 중심의 논의였다. 가옥주라고 해야 33m2(10평) 남짓한 정도여서 그 보상비로 이주하기는 어려운 실정이었다. 대동종합사회복지관 김현채 관장은 "재개발이 되면 주민들이 오갈 데 없을 것이라는 판단을 해서 재개발이 무산됐다"고 설명한다.

대동은 1998년부터 정주환경 개선을 위해 '사랑의 집짓기'

행사를 구상하다가 무지개 프로젝트 3단계가 추진되면서 아름다운 마을만들기 사업이 활성화되기 시작했다. 무지개 프로젝트는 기존에 없는 인프라를 구축하는 사업으로서 복지관이 평소 추구하는 방법과 일치한다고 한다. 대동 무지개 프로젝트 태스크포스팀은 시 인원 26명, 구 인원 31명 등 총 57명으로 구성됐다.

대상지역은 370여 세대가 살고 있는 6~9통 지역이다. 이 중 12%가 수급자층이다. 복지관이 있는 비탈길을 향해 올라가다 보면 낡은 집들이 다닥다닥 붙어 있고 군데군데 정성스럽게 가꾼 꽃밭이 인상적으로 눈에 들어온다.

좁은 골목길에 늘어서 있는 가옥의 시멘트벽에는 눈길을 끄는 그림들이 그려져 있다. 그나마 칙칙한 골목길이 좀 밝아진 느낌이 든다. 이따금씩 골목 한구석에서 이웃 주민들끼리 도란도란 이야기를 나누는 모습이 보인다.

언덕 위에서 이 지역을 바라보면 낡은 스레이트 지붕과 허물어진 폐가들이 드러나는 판자촌 모습 그대로다. 나는 대동 종합사회복지관 회의실에서 주민들의 의견을 들었다. 주민들의 우려도 없지 않았다.

"설마 재개발해서 우리를 몰아내는 것은 아니죠. 가족처럼 지내는 이웃들과 헤어져 어디로 가서 살겠어요."

내가 주민들에게 설명을 했다.

"무지개 프로젝트는 한 사람도 내보내지 않고 주거환경을 개선시키는 사업입니다. 제가 약속할 수 있으니까 안심하셔도 됩니다."

그제서야 주민들은 요구사항을 늘어놓았다.

"아침마다 화장실이 문제랍니다. 공동화장실을 몇 개 만들어 주세요."

"아이들 맡길 수 있는 육아시설이 있으면 일도 할 수 있잖아요."

"다른 동네는 헬스 클럽도 있는데 우리는 안 만들어 주나요."

"노인정을 구분해서 할머니들만 쉴 수 있는 공간도 만들어 주세요."

"마을버스를 운행해 주세요."

"비올 때 비가 새는 지붕을 고쳐주세요."

주민들의 의견은 다양했다. 다양한 만큼 심정의 변화가 올 수도 있어 담당 공무원은 항상 점검을 해야 한다. 대동 주민들은 철거를 당하지 않아서 안심이 됐고 마을을 예쁘게 꾸밀 수 있어서 얼굴에 희망의 미소가 가득하다. 무지개 프로젝트 추진협의회장인 주민대표 백옥임(53) 씨는 주민들의 의견을 모아 건의사항을 올렸다.

"현재 복지관은 고지대에 있어서 노인이나 장애인들이 이용하기에 불편해요. 아랫동네에 하나 더 만들어달라고 했어요. 마을 곳곳에서 주민들이 폐가를 헐고 헌집을 수리하느라 활기찬 마을이 됐어요. 20명의 추진위원들은 매달 2번 모임을 갖고 진행사항을 점검하고 문제점을 찾아냅니다."

주민이 참여하는 무지개 마을가꾸기

무지개 프로젝트는 2009년 봄부터 시작됐다. 3단계 무지개 프로젝트의 가장 큰 특징은 주민이 참여하는 정주환경 개선이다. 대동 연애바위 주변 등산로 정비사업이 시작됐다. 이 사업에 주민들이 참여해 마을을 예쁘게 꾸민다. 주민참여는 일자리 사업과 연결돼 60여 명이 수당을 받으며 근로사업을 하고 있다.

주민이 하는 일은 마을에 5개의 쉼터를 만들고 꽃동산, 테마가 있는 골목길 조성, 폐가 정리, 공유지 나무심기 등 9개 사업이다. 무지개 주민 일자리 참여 프로그램은 1년 계획 사업이다. 대상 주민들은 대부분 노인층과 주부들이다.

사업이 시작되기 전까지 3km 정도의 등산로 주변에는 폐자재와 연탄재가 나뒹굴고 푸성귀를 가꾸는 밭들이 군데군데 있어 발을 들여놓기가 쉽지 않았던 지역이었다. 이곳의 쓰레기를 치

대동 등산로 가꾸기

우고 나무를 간벌해 여가 선용 장소를 조성한다. 돌과 나무계단
을 만들고 안전 손잡이도 설치할 계획이다.

밭을 없애 등산로 주변에 꽃나무를 심어 걷고 싶은 길을 만든
다. 등산로가 정비되면 주변 사람들이 몰려와 달라진 모습을 보
며 즐거워할 것이다. 또 연애바위골 축제를 통해 이웃 주민들과
소통할 수 있는 기회도 만든다.

이 사업은 지역주민들에게 휴식공간을 제공하면서 일자리 창
출로 주민들의 생계안정과 지역경제 활성화를 도모하는 의의가
있다. 주민 장국현(68) 씨는 "내가 사는 마을을 내 손으로 가꾸

는 보람도 있지만 수당까지 받아 신이 난다”고 말한다.

주민이 참여하는 무지개 마을 사업단은 모두 3개 사업단 110명으로 구성된다. 집수리 사업단은 43명으로 지붕교체, 보일러교체, 창호교체, 배선교체 등의 업무를 맡는다. 터다짐 사업단은 30명이 폐가 철거, 불량 담장 교체, 쉼터, 정자 만들기 등의 일을 한다. 이 사업에는 건설현장 경험자가 우선적으로 참가할 수 있다.

봉선화 사업단은 전문성을 고려해 공공미술팀이 맡았다. 공공미술을 활용해 골목길이나 축대벽 단장 사업을 대대적으로 펼쳐 마을 분위기를 새롭게 바꾸는 것이다. 무지개 마을가꾸기 사업에는 지역 협력체로 한국에너지재단, 우송대, 공공미술협회 등도 참여한다.

동네가꾸기는 마을의 원형을 그대로 살리는 선에서 추진된다. 아주 오래되고 열악한 공간에 사는 주민들을 위해 30~40가구의 임대주택을 짓고 소규모 아파트는 외벽 도색부터 리모델링을 한다. 조금만 개조하면 주민들의 불평도 없고 갈등도 없을 것이다.

폐가 부지를 활용한 마을 쉼터 및 화단 조성도 주민들이 참여한다. 폐가 중 사용가능한 부지 5개 정도를 선정해 여기에 정자를 만들고 주변에 운동시설이나 화단을 조성하는 사업이다. 이런 사업을 외부에 공사 용역을 주면 업무의 효율성은 있을지 몰라도 주민들은 별 관심을 갖지 않을 것이다.

행복나눔 무지개 푸드마켓

대동 무지개 프로젝트에서 단위사업으로 규모가 가장 큰 사업이 대동복지센터 건립이다. 기존 복지관은 청소년 도서관으로 활용할 계획이다. 센터에는 독거노인이나 와상노인 등 직접적인 보호가 필요한 주민들을 위한 29.7m2(9평) 임대주택 10채가 포함된다. 주차장, 경로당, 노인작업장, 지역아동센터, 주민체력단련실, 회의실, 동네마당 등도 설치된다.

노인작업장에서는 이쑤시개 만들기, 장난감 조립, 콩나물 머리 따기 등의 부업을 알선해 준다. 노인의 적성과 능력에 맞는 일거리 제공으로 소득증대를 꾀하고 고령화 시대 노인의 사회참여기회 제공으로 삶의 질을 도모할 수 있는 프로그램이다. 동네마당은 주민들이 어울릴 수 있는 만남의 장이 들어선다.

대동에는 '행복나눔 무지개 푸드마켓' 2호점이 문을 열었다. 1호점은 영구임대아파트 밀집지역인 서구 갈마동에 있다. 푸드마켓은 기부식품 전달 체계를 공급자 중심에서 수혜자 중심으로 바꿨다는 의의가 있다.

기존의 푸드뱅크는 도매상인들로부터 상품성은 떨어지지만

식재료로 쓰기엔 문제가 없는 잉여 농산물을 사회복지시설이 지원받아 취약계층에게 일방적으로 나눠주는 제도다. 이것은 수요자의 선택권이 없는 사회적 개념이다.

무지개 푸드마켓 이용 대상자는 긴급구호대상자, 기초생활수급자 등 우선순위를 정해 어려운 가정 1천 세대를 개소별로 해당 구청장이 선정해 이용권을 발급한다. 이용자는 신분증과 이용권을 지참하고 푸드마켓을 방문하여 1회에 5품목 이내의 필요한 물품을 선택하면 무료로 제공받을 수 있다.

2호점은 지하철 대동역 7번 출구에 있으며 성공회 복지법인 '나눔의 집'에서 운영을 한다. 무지개 푸드마켓은 기부물품으로 운영되는 마켓으로 물품 확보가 최우선 과제이므로 수요조사를 해서 기탁자를 확대할 방침인데 소액기부문화 활성화가 중요하다.

시는 98년부터 7개소의 푸드뱅크를 운영해 2008년에는 48만 5천 300여 명에게 기부식품을 지원했다. 2009년에는 무지개 푸드마켓 2개소를 전국 45개소 중 가장 먼저 열어서 소외된 이웃들의 빈 가슴까지 채워주는 복지사업으로 확장 발전시키고 있다. 앞으로 중구 문창, 부사동 일대와 대덕구 법동에도 추가 개설을 계획중이다.

대동 무지개 사업단은 2009년 1월 사회적 기업으로 등록한

'파랑새 식품'을 비롯해 집수리 사업단, 빨래 사업단, 영농 사업단, 재활용 사업단, 청소 사업단, 간병인 사업단 등 사업단을 운영한다. 사업단 운영이 활성화되면 사회적 기업으로 등록할 수 있다. 이 사업단의 2년 후 성과를 보고 노동부에서 사회적 기업으로 지정한다. 집수리 사업단은 조건부 수급자를 대상으로 하는 자활지원 사업이기도 하다.

대동의 '파랑새 식품'은 복지 수요자들에게 도시락을 공급하고 수익 확보를 위한 다각적인 노력을 기울이고 있다.

자원봉사의 활성화

대동 무지개 프로젝트 사업에서 지역 만들기는 단순한 시설 개선에 초점이 있는 것이 아니라 전통적 유대감이 살아 있는 건강한 공동체를 만드는 데 있다. 그러기 위해서는 자생적 주민조직의 활성화나 주민들이 참여하는 주민운동으로 승화하는 것이 바람직하다.

우리나라는 산업화가 시작되면서 농촌에서 도시로 이주한 노동자들이 저소득층으로 편입됐다. 도시화는 세계적으로도 유례를 찾아볼 수 없을 정도로 급속도로 진행돼 2000년도에 이미 인구의 89%가 도시로 몰려 급팽창을 했다. 이 과정에서 지역공동체의 전통적 기능이 축소되고 이웃 간 가치 공유가 어려워지면서 정서적인 공감대 형성이 희박해졌다.

　도시화는 여러 가지 문제를 발생시켰다. 이런 문제를 해결하기 위해서는 획일적인 관 주도의 정책보다 주민 주도의 도시재생사업의 필요성이 대두된다. 이것은 지역주민의 자발적 참여를 통해 해결될 수 있다. 주민 참여는 소통의 공간을 확보하게 되고 공동체문화를 형성해서 사회복지를 활성화시킨다.

　주민조직 결성은 살기 좋은 마을만들기에 직접 투영되어 놀이 공간이나 환경미화에 자발성을 띄게 한다. 지역사회 복지향상을 위해서는 지역주민의 참여를 바탕으로 여건에 맞는 복지사업을 펼쳐야 하고 자원봉사자들의 활동을 유도해야 한다. 대동 무지개 프로젝트는 이런 조건에 맞는 맞춤형 복지사업이라고 할 수 있다.

　대동종합사회복지관 신종근 씨의 설명에 의하면 대동지역에서는 50세 이상의 연령으로 구성된 2개의 자원봉사 조직이 있고, 2008년 폐가 철거를 하면서 또 하나의 자원봉사 조직을 만들었다. 그리고 언제든지 참여할 수 있는 분들도 있다. 자원봉사자는 60대가 가장 많고 여성이 70%를 차지한다. 자원봉사자들은 농사 도우미, 행사 도우미, 마을청소, 집수리, 폐가철거, 화단조성, 무료급식 도우미, 독거노인 돌보미 등의 일을 한다.

　그러나 자원봉사 활동에 1년에 월 1회 이상 지속적으로 참여한 사람은 많지 않다. 봉사활동이 지속적으로 유지되기 위해서는 점심, 간식, 정기적인 활동비 등을 지원할 필요가 있다고 한다. 그 결과 자원봉사에 대한 공감대를 형성해 마을가꾸기에 필요한 아이디어는 물론 적극적인 진행이 이루어졌다.

이런 경험을 바탕으로 대동 복지관은 지역주민들을 참여시키기 위해 지속적인 참여가 가능한 프로그램의 개발, 구성원들 간의 팀웍 활성화, 자원봉사자에 대한 이해, 그룹별 책임자의 필요성, 보상심리 충족과 자원봉사 교육의 필요성 등을 지적하고 있다.

무지개 튜터 선생님

대동지역은 2009년부터 무지개 프로젝트가 시작돼 아직 가시적인 성과를 말하기는 어렵다. 그런 가운데 무지개 튜터는 이미 활동을 시작했다. 대전시 보건위생과에 근무하는 이재옥 씨는 무지개 프로젝트 워크숍에서 자신의 체험을 발표했다.

안녕하십니까. 보건위생과 수습 이재옥입니다. 현재 대동초등학교 6학년 학생과 함께 공부하고 있습니다. 바라던 대전시 공채에 합격을 하고 임용등록을 하기 위한 자리에서 무지개 튜터에 대해 처음 알게 되었습니다. 잠깐이었지만 학원 강사로 일해 본 경험도 있었고 평소에 워낙 아이들을 좋아하여 선뜻 긍정의 뜻을 밝혔으나 그에 따르는 책임감에 부담도 조금 되었습니다.

(중략)

두 달 여 남짓 공부를 하며 지금은 어느 정도 자리가 잡혔지만 처음에는 어디서 어떻게 공부를 해야 할지 막막했습니다. 가장 어려웠던 점은 같이 공부를 할 장소를 구하는 것이었습니다. 학교 측에선 방과후에 개방하는 것은 어렵다고 하시고 학생은 집에서 하기도 원치 않았습니다. 학생의 집 근처에 용운종합사회복지관이 있다는 얘기를 듣고 당시 담당 주사님께서 저의 사정을 말씀드리며 도움을 청하자 평일에는 가능하다는 답이 왔습니다. 주말에는 시청에서 공부를 합니다.

처음에는 1~2층에 민원인이 이용하는 테이블에서 할 계획이었으나 예상 외로 주말임에도 불구하고 시민들이 꽉 차 있었습니다. 시청을 모두 뒤지다가 결국 청사 앞 정자에서 조금은 쌀쌀해진 가을바람을 맞으며 첫 수업을 하였습니다. 저희는 주 2회, 하루는 과학, 하루는 사회를 공부합니다. 학생이 1학기 과정부터 하길 원하여 기말고사 때까지 6학년 과정을 모두 마치느라 좀 빡빡하게 진도를 나갔지만, 아이가 예습 복습을 잘 해오고 이해력도 빨라 수업을 수월하게 진행되고 있습니다. 겨울방학 때는 예비 중학교 과정을 나갈 예정입니다.

사실 시작할 때는 나도 봉사라는 것을 한다는 생각에 내심 뿌듯해

하고 자신이 대견스럽기까지 했습니다. 지금은 별로 그런 생각이 들지 않는 것 같습니다. 그냥 사촌동생 공부 도와주러 다니는 것같이 생각됩니다. 자연스레 마음 한 구석을 누르고 있던 부담도 덜해졌습니다. 요즘은 처음의 어색함을 없애기 위한 의식적인 질문들이 불필요해졌습니다. 만나면 그동안 있었던 일들을 늘어놓으며 수다를 떨기도 하고 어떨 때는 나이에 비해 어른스러운 학생을 만나서 오히려 제가 위로를 받을 때도 있습니다. 앞으로 저도 정식발령이 나고 아이도 중학생이 되면 서로 지금보다 더 바빠지고 덜 자주 보게 되겠지만 지금의 좋은 관계가 유지되었으면 하는 바람입니다. 그러기 위해서 공부뿐 아니라 사춘기에 접어드는 학생에게 좋은 과외 선생님이자 편안한 언니이자 마음을 나눌 수 있는 친구가 되기 위해 노력할 것입니다.

| 부사동·문창동 |

무지개 프로젝트는 진행형 사업이다. 1,2차의 성공적인 사례를 경험으로 삼아 3단계 지역으로 중구 원도심 지역이 결정됐다. 주민들의 의견을 수렴해 주거환경을 개선하고 있다.

용기와 희망을 버릴 수 없다

아파트를 지으면 제일 높은 꼭대기층이 전망이 좋아 제일 비싸다고 한다. 전망으로 보면 부사동도 집값이 꽤 나가야 한다. 그런데 현실이 그렇지 않다. 부사동은 6·25전쟁 때 피난민들이 거주하면서 어려운 사람들이 많이 살고 있다. 생활이 어렵다고 어떤 때는 희망을 포기하고 사는 것을 간혹 보게 된다. 어떠한 환경이라도 용기와 희망을 가지고 꾸준히 살아가면 목표한 대로 반드시 된다는 것을 보여주는 사람도 많이 있다.

부사동도 그런 사람들을 키워낼 수 있을 것이다. 무지개 프로젝트는 영구임대아파트 밀집지역을 중심으로 시작했다. 판암동, 법동, 월평동은 동네 분위기가 바뀌고 주민들이 활기에 차 있다. 예전엔 그렇지가 않았다. 지금은 판암동에 산다는 게 부끄럽지가 않다고 한다. 이웃 간에 정이 흐르고 서로 도우려하고 내 동네일은 내가 하고 마을 신문도 만들고 마을 합창단을 만들고 마을 찬가도 있다.

어떻게 보면 경제적인 것이 커질수록 인정이 반비례해서 줄어드는 것 같다. 없는 동네, 어려운 동네 일수록 인정은 더 좋다. 우리가 어렵게 살다가 많은 노력 끝에 지금은 잘 살지만 그래도 옛날이 더 마음이 편했다고 한다. 옛날에는 가난하게는 살았어도 마음은 편했다.

돈이 많다고 행복한 것은 아니다. 돈 때문에 부자지간에 재산 싸움을 하거나 살인이 일어나는 경우도 있다. 행복은 스스로 이웃과 쌓아 만들어 가야한다. 내가 나누고 베풀면 그 즐거움이 다시 돌아온다. 따라서 내가 이웃과 어떤 관계를 맺고 사는가 하는 것이 행복의 기준이다. 부사동이 낙후되어 있지만 용기와 희망을 버릴 수는 없다.

부사동은 칠석놀이라는 전통적인 우리 민속을 잘 보존해서 동민들이 대통령상을 탔다. 이런 동네는 무엇이든 할 수 있다. 동민들 끼리 의지가 투합했고 화합하는 정신이 있기 때문에 전통과 저력이 있다. 부사동에서 주거환경과 학교 주변 여건을 개선하고 복지 프로그램도 강조해서 마을 주민들 간에 대화를 할 수 있는 공간을 만드는 일이 무지개 프로젝트다. 동네를 잘 가꿔서 이웃하고 오순도순 정답게 사는 것이 행복이다.

이 사업을 할 때도 동네 주민들의 의견을 들어서 한다. 계획서를 만들고 주민들이 참여해서 같이 만들어가는 사업으로 펼쳐져야 한다.

우리가 어렵고 힘들다고 해서 지나쳐 버리거나, 포기하거나, 돌려났던 일들을 다시 보면 거기에 우리의 삶이 있고 이웃이 있다. 이 사업에도 갈등이 있고 어려움도 있다. 순탄하게 다 되는 일은 없다. 그런 갈등과 어려움이 생기더라도 마음속으로 양보하고 힘을 합하여 우리 동네 만드는 일이니 의견을 조정할 필요가 있다.

　의견조정 과정은 의사결정 방법에 대한 좋은 훈련이 된다. 삶의 터전을 재생하는 사업에는 역시 주민들의 참여와 관심이 필요하다. 무지개를 띄우는 것은 주민들의 손에 달렸다고 해도 과언이 아니다. 대전시와 중구는 후원을 하는 입장이다.

　어려운 동네일수록 관심을 가지고 주민들이 더 힘을 써서 새로운 동네를 만드는 게 필요하다. 전국에서도 이제 대전시의 무지개 프로젝트를 많이 안다. 이제 우리가 하는 일을 전국에서 지켜본다고 생각한다. 더 열심히 해서 모범적인 지역을 만들어야 한다.

　주변에 있는 학교도 많은 지원을 한다. 아이들 학교 다니면서 기죽지 말고 공부하도록 만들어 주는 게 부모들의 한결같은 마음이다. 아이들이 기죽지 않고 공부하도록 좋은 여건을 함께 만들어 가도록 여러 가지 프로그램이 있지만, 그 중 가장 중요한 것은 주민들이 적극적으로 참여하여 아주 멋진 동네를 내손으로 만들겠다는 의지이다.

주민을 위한 맞춤형 주거환경 개선

대전시 중구 부사동은 보문산 기슭에 위치한 달동네 지역으로 도시 속의 촌락 형태를 유지하고 있다. 골목길이 복잡하게 얽혀 있는 일부 지역은 주소 번지만으로 집을 찾아가기 어려운 곳도 있다. 이곳은 전통민속놀이가 유지되고 있어 지역공동체 문화 형성에 한 몫을 담당한다. 그런 만큼 주민들의 애착심이 강하다. 주민들은 무지개 프로젝트가 동네를 환하게 밝혀 줄 것으로 기대하고 있어 참여의식도 높다.

대전의 중구 지역은 원도심으로 대전시의 주변 지역이 개발됨에 따라 인구가 조금씩 줄어든다. 행정기관은 공동체 역량구축을 위해 지원자 역할을 해야 한다. 지역공동체는 정주 단위를 기초로 소속감과 유대감을 공유하는 집단이다. 이것은 이익사회가 아닌 공동사회로 집단 이기주의를 넘어 사회적 자본을 축적하는 데 기여한다.

공동체의 역량 구축을 위해서는 커뮤니케이션이 강화되어야 하고 주민단체의 조직화가 필요하다. 전래되어 오는 전설이나 민담 등의 문화유산도 지역의 역량을 강화하는 데 도움이 된다. 문화적 환경은 일정한 지역가치를 형성한다.

부사동이 보존하고 있는 부사 칠석놀이나 문창동의 엿장수 놀이는 주민들에게 사회적 단합을 유도하고 지역 이미지 개선에 도움이 된다. 부사동의 지명 유래와 함께 칠석놀이의 전통적 가치는 주민들에게 지역공동체문화의 진수를 보여주는 사례다.

놀이문화가 암시하는 교훈적 의미는 퇴색되긴 했지만 놀이의 보존과 계승만으로도 주민들에게 지역에 대한 정체성을 제고시키고 지역환경에 대한 관심을 불러일으킬 수 있다.

부사동은 보문산 동쪽 기슭을 끼고 있는 마을로 대전에서 금산, 무주방향으로 통하는 교통의 요충지다. 주변에 종합운동장이 있어 각종 운동경기 및 문화행사가 개최되는 지역이며, 고지대 저소득층 밀집지역으로 상업, 회사원, 일일노동 등 다양한 인구 구성을 보인다.

문창, 부사동의 무지개 프로젝트는 주민을 위한 주거환경 개선이라는 측면에서 주목을 받았다. 이 지역의 무지개 프로젝트는 2011년까지 31개 사업이 펼쳐진다.

중구 문창, 부사동 무지개 프로젝트의 태스크포스팀은 75명이나 된다. 시는 37명, 구는 38명이다. 중구 역시 지역별로 '무지개 마을을 만드는 사람들' 모임체를 구성했다. 부사동 주민자치위원장인 김익현(53) 씨는 무지개 프로젝트 자문위원으로 위촉됐다.

주민 요구 수렴 공청회

2008년 3월 27일 부사동 다목적 복지회관에서 주민들과 공무원 등 250명이 참석한 가운데 공청회가 열렸다. 이 자리에서 주민들의 다양한 목소리가 수렴되었다.

"부사동 다목적 회관 내에 있는 보문지역 아동센터, 특히 2층 화장실과 조리실을 설치하고 낡은 천장을 단열재로 마감해 달라."

"부사동 4거리 상가 밀집지역에 주차장 2곳을 신설하고 리더스빌 옆쪽 땅 13,320m2(400여 평)을 매입하여 주차장을 신설해 달라."

"대흥교에서 보문교 사이 가로 정비사업을 할 때 같은 수종을 심어 달라"

"부사 칠석놀이가 수년째 무형문화재 지정 노력이 무산되고 있으므로 이것을 대전시 무형문화재로 지정해 달라."

"신일여중 운동장 주변에 조명등이 하나도 없어서 주민들의 접근하기 곤란하므로 조명등 체육시설, 벤치 등을 설치해 달라."

"부사동 일대에 도시가스가 빨리 들어오도록 해 달라."

부사동을 비롯하여 인근의 대흥, 대사동 등 취약지구가 많아 주민들이 떠나간다. 주민들은 무지개 프로젝트와 같은 복지정책을 내심 기다렸다. 부사동에 지역 자생단체장으로 구성된 추진위원회가 발족했다. 쌈지공원 나무심기, 예쁜 동네만들기, 일자리 창출 등에 주민들이 팔을 걷어붙이고 나섰다. 보문산 등산로 정비사업에는 주민 30명이 참가해 깨끗한 길을 만들어 놓았다.

문창, 부사동 무지개 프로젝트 중 사업규모가 큰 부사복지센터는 부사종합사회복지관, 청소년문화센터, 여성취업센터, 도시락나눔센터, 주민체력단련실, 주민회의실, 동네마당 등을 갖추는 사업이다. 주택개량을 하려면 먼저 길부터 내야 한다. 부사동 430-4번지 도로개설도 중요한 사업의 하나다.

건설현장 경험자 등이 직접 참여하는 '마을가꾸기 사업단'은 마을을 가꾸면서 소득도 올릴 수 있는 일거리 창출 사업이다. 마을가꾸기 사업단은 집수리 사업단, 숲가꾸기 사업단, 예쁜 마을만들기 사업단 등 3개 사업단으로 78명이 참가한다. 이들은 폐가정비 · 마을쉼터, 꽃동산, 산책로 조성 등의 사업에 참여하게 된다. 공공미술을 활용한 골목길, 옹벽 단장 사업도 벌여 마을 분위기를 바꾸기로 했다.

문창동은 대전의 동쪽에 위치하고 있으며, 토박이가 많아 협동심이 강하고 통 단위 이웃회가 조직되어 서로 돕고 사는 미덕을 지닌 지역사회다. 대전천변에 인접한 주거 · 상업지역으로 대전 제일의 재래시장인 문창시장과 오토바이 거리 및 숙박시설이 들어서 있어 살기 좋은 지역이다.

문창동 마을환경 개선사업은 취약계층에게 일자리 사업 제공으로 자활능력을 배양하는 데 중점을 두고 있다. 주민들이 참여하는 마을의 환경개선을 통하여 주민불편 해소 및 쾌적한 생활

환경을 조성하는 것이다.

　구체적인 사업으로는 주요 도로 및 대전천변길 제초작업 및 쓰레기를 수거하고 주택가 불법광고물을 정비한다. 또 만성적으로 행해지고 있는 쓰레기 투기 감시를 통해 살기 좋은 마을로 만드는 것이 무지개 프로젝트다.

Part 4

무지개 프로젝트를 넘어

무지개 프로젝트의 성과

피부로 느끼는 주거환경의 변화

무지개 프로젝트는 특정한 지역을 대상으로 종합적으로 추진된 사업이기 때문에 사실상 그 진행과정이나 내용이 대단히 복잡하고 방대하다. 그 결과도 가시적으로 나타나는 주민생활 환경개선뿐만 아니라 눈에 보이지 않는 다양한 결과로 나타나고 있다. 이러한 성과를 모두 다 나열하는 것은 불가능하고 오히려 현장에 가보고 그곳 주민들에게 직접 들어보라고 권하고 싶다.

하지만 무지개 프로젝트에 대해 전문가들의 관심이 집중되면서 이들에 의해서 몇 가지 구체적인 성과가 제시되었다. 그 중 무지개 프로젝트가 시행되는 과정에 깊숙이 관여하면서 현장주민들을 관찰하고 인터뷰한 결과를 유현숙 교수(대전대학교 행정학과)가 정리한 것이 있다. 유 교수는 무지개 프로젝트 1차 대상지역인 판암동의 사업 추진 결과를 바탕으로 가시적인 성과를 네 가지로 요약해주었다.

첫째, 열악한 주거환경이 개선되었다는 점이다. 판암동은 열악한 주거환경으로 인해 물리적 무질서가 지배적인 분위기였다. 영구임대아파트가 10년 이상 지나면서 시끄럽고 불결하며 낡았고 수리되지 않은 건물들이 곳곳에서 눈에 띄었다. 이런 무질서를 극복하려는 주민들의 의지도 희박했다.

아파트 계단은 지나다니기 어려울 정도로 쓰레기가 쌓였고 엘리베이터 안에서는 악취가 풍겼다. 관리소 직원이 청소를 해놓아도 하루를 넘기기 어려울 정도로 지저분했다. 무지개 프로젝트는 아파트 단지의 주거환경 개선사업부터 추진했다. 도로와 교통안전시설을 정비하고 근린공원 조성 및 체육시설 확충으로 깨끗한 마을로 바꿨다. 주민들이 주거환경의 변화를 피부로 느꼈다.

예전에는 얼마나 지저분했는지 몰라요. 버려진 차에, 누가 갖다 버렸는지 모르겠지만 못쓰게 된 가전제품에, 가구며, 온갖 쓰레기가 여기저기 나뒹굴었거든요. 그런데 지금은 얼마나 깨끗해졌는지 몰라요. 그게 무지개 그거 덕분인지는 몰랐지만 참 기분 좋은 일이에요. 지금은 쓰레기가 예전처럼 그렇게 오랫동안 버려진 적도 거의 없어요. 바로 바로 치우니까 이제 함부로 쓰레기 못 버리겠더라구요. 왜 사람 심리가 그렇잖아요. 깨끗한 길에 쓰레기 버리기 좀 그렇잖아요. 그래서 그런지 요즘은 길바닥에 침 뱉고 휴지 버리는 사람 별로 못 봤어요.

글쎄, 바쁘게 살다보니까 뭐가 달라졌는지… 아, 다른 건 다 모르겠고 가로등이 밝아진 것 같아요. 저도 그렇지만 우리 동네에는 밤늦게까지 일하고 들어오는 엄마들이 많거든요. 버스에서 내려서 집까지 금방이라고 해도 길이 어두워서 안 좋았는데 이제 걱정거리 하나 덜었지 뭐예요. 한밤중이라도 거리가 밝으니까 우선 안심이 돼요.

빈곤의 대물림을 끊어 줘야

거주환경 개선사업은 주민들에게 경각심을 불러 일으켰다. 자신의 동네에 대해 관심을 갖기 시작하면서 주인의식이 형성됐다. 물리적 주거환경의 변화는 지역의 이미지를 바꾸어 놓았고 주민들의 삶의 태도에도 영향을 미쳤다.

무지개 프로젝트의 두 번째 가시적 성과는 교육환경 개선으로 인한 학생들의 가치관 정립과 학업 성취 욕구를 높였다는 점이다. 빈곤층이 대물림 되는 빈곤의 고리를 끊기 위해 생각할 수 있는 방법이 학업성취이다.

그러나 취약계층의 자녀들은 경제적 어려움과 열악한 교육환경 때문에 왜 공부를 해야 되는지 방향감각이 없고 학습에 대한 성취동기가 낮았다. 이런 안팎의 요인으로 인해 빈곤층의 자녀들에게는 교육의 균등한 기회를 보장해주기 어렵다.

무지개 프로젝트는 교육환경 개선을 위해 학교 내에 각종 교육시설을 제공하고 개인적으로는 방과후 수업과 무지개 튜터를 통해 학습에 대한 동기부여를 시켰다. 이를 통해 학력이 신장되었고 학생들이 자신의 진로에 대해 자신감을 갖게 되었다. 좋은 직업을 택하기 위해서 열심히 공부하는 것은 자신과 관계없는 것인 줄 알았다가 꿈을 갖기 시작한 것이다.

공부방에 참여하니까 전보다 스스로 공부하는 능력이나 학습태도가 더 좋아진 것 같아요. 또 내가 나아갈 목표가 뚜렷해져서 더욱 노력하게 되었어요.

친구들과 언니, 오빠들의 공부하는 모습을 보면서 정말 열심히 한다고 느꼈고, 나도 열심히 해야겠다는 의욕이 처음으로 들었어요.

저희 아이는 집에서 수업을 받고 있어요. 처음에는 과외선생님을 맞이하는 게 집안 형편상 부담도 되고, 또 우리 아이가 꾸준히 공부를 잘

할 수 있을까 걱정도 됐는데 선생님께서 전혀 부담을 안 주시더라구요. 열심히 지도해 주신 덕분에 지난 번 중간고사 때 우리 애 영어성적이 많이 올랐잖아요. 얼마나 좋은지 몰라요. 아마 제가 무지개 사업으로 제일 많이 혜택 본 사람 중에 하나일 것 같은데요. 욕심 같지만 우리 아이가 고등학교 올라갈 때까지 계속 좀 도와주셨으면 해요.

자활복지와 지역공동체 복원

세 번째 성과는 저소득층 주민에 대한 자활 및 복지 서비스의 확대를 들 수 있다. 저소득층에 대해 무지개 사업단이나 사회적 기업 등을 통해 일자리를 제공하고 저소득 여성들에게 조리반 교육을 시켜 자격증 취득에 도움을 주었다. 장애인의 통행권 확보를 위한 제반 시설은 유니버셜 디자인 차원에서 해결했다.

학교내 장애아 치료실을 비롯하여 장애아 부모들의 고충을 들어주기 위한 주간보호센터 등은 지역주민들의 요청을 받아들인 결과물이다. 저소득층 노인들의 무료급식도 주말 및 공휴일까지 확대했다.

다른 사람 도움 없이는 밖에 다닐 엄두도 못 냈어요. 나가면 사람들에게 도움을 받아야 할 처지니까 꼭 필요한 일 아니면 안 나갔지요. 도움을 받으려면 미안하기도 하고 또 겁도 나고…, 그런데 요즘은 그런 두려움이 좀 사라졌어요. 아직도 조심스럽기는 하지만 점자블록이 새로 깔려서 참 좋아졌지요. 그리고 신호등에 소리도 나기 때문에 신경을 덜 써도 되구요. 요새는 사람들이 우리 같은 장애인한테 굉장히 친절해진 것 같아요.

아이가 초등학생인데 뇌성마비 장애가 있어요. 제가 일을 해야만 하는 처지라 일을 그만둘 수도 없고, 낮에 아이를 돌봐줄 사람이 없어 가장 큰 문제였어요. 그런데 장애인 주간보호센터가 생겨나 얼마나 고마운지 몰라요. 그전에는 아이 걱정 때문에 직장에서도 일하는데 집중이 안되고, 늘 불안했었는데 이제 안심하고 맡길 수 있으니 참 다행이에요.

마지막으로 무지개 프로젝트가 지향하는 건강한 삶터로서의 지역공동체 복원이다. 공공임대 주택은 날로 슬럼화되어 가면서 주민들은 오랫동안 사회적 소외감을 느끼며 살아 왔다. 무지개 프로젝트는 다양한 프로그램을 통해 주민들의 지역에 대한 관심을 고조시켜 침체된 분위기에서 벗어나 소통과 나눔이 이루어졌다.

동네 분위기가 많이 달라진 것 같아요. 조금 생기 있어졌다고나 할까요. 우리 동네에 시장님도 다녀가시고, TV에도 나오고…, 처음에 몇 번 저러다 말겠지 했는데 이것저것 동네가 조금씩 바뀌기 시작하더라구요. 지난번에는 마을 잔치도 열렸고, 동네가 들썩들썩 하니까 사람 사는 것 같아요.

우리 동네가 소문이 아주 나쁘게 난 건 사실이잖아요. 사람들이 우리 동네에 대해서 아주 안 좋게 보거든요. 제일 가난한 동네라고 그러고… 애들도 판암동 사는 게 창피하다고 할 정도니… 그런데 요즘 지하철도 생기고, 동네도 좀 깨끗해진 것 같고, 도서관도 생기고, 공연 같은 것도 하고… 조금 달라진 것 같아요. 대형마트 같은 것도 생기면 더 좋을 텐데…

무지개 프로젝트의 확대

지속 가능한 도시재생 전략

배려는 선택이 아니라 원칙이다. 사람은 능력이 아니라 배려로 자신을 지키며 사회는 경쟁이 아니라 배려로 유지된다.

경쟁에서 도태되지 않기 위해 기를 쓰며 살아가고 있는 우리에게 어쩌면 어색하게 들릴 수 있다. 하지만 현 단계에서 우리 사회가 직면한 가장 커다란 과제는 배려가 가득한 공동체의 회복이다. 공동체의 회복 없이는 첨단 기술사회로의 진입은 물론, 행복의 증진이 불가능하기 때문이다.

공동체는 인간성의 고양과 사회통합의 메시지를 담고 있고, 삶의 현장에서 실제로 개선을 이루고자 하는 지향성을 내포하고 있다. 바로 이 소중한 공동체의 회복 전략이 2006년 9월부터 우리 시에서 시작한 무지개 프로젝트 전략이다.

판암동에서 떠오르기 시작한 무지개는 2007년에는 서구 월평 2동과 대덕구 법동에서 떠올라 무지개 마을로 변화시켰다. 아파트 외벽을 다시 칠하고 가정집의 도배와 장판 및 싱크대도 교체하고 장애인의 이동통로와 점자블럭을 설치하였으며 단지 내 체육시설과 조경사업 등 주거환경을 획기적으로 개선하였다.

마을 학교에는 도서관과 운동시설이 들어서는가 하면 어려운 형편에 과외라고는 꿈도 못 꾸던 학생들 앞에 공무원 선생님이 나타나고 복지관의 시설과 기능이 한층 좋아졌다. 또한 독거노인, 중증 장애인, 불우 청소년을 위한 문화 복지 프로그램과 재활 및 자활능력 향상을 위한 시설이 운영되고 있으며 오랫동안 제기되어 온 대단위 지역 현안 사업도 차근차근 추진되고 있다.

사회적 소외로 인한 지역주민 모두의 자포자기 심정과 이웃과 단절되어 있는 각박함이 가득한 동네가 아니라 주민 스스로가 살기 좋은 동네를 만들어가는 주역이 되고 있다.

매일 술로 지새온 사람이 이제는 술을 끊고 마을을 청소하고 다리가 불편한 장애인이 휠체어를 타고 거동이 불편한 노인가정에 도시락을 배달해 주며, 스승의 날에는 주민들이 교문 앞에서 스승의 노래를 부르고 선생님께 감사의 인사를 전하는 행복마을로 변해가고 있다.

2009년부터 추진되고 있는 동구 대동, 중구 문창, 부사동 지역도 금년 말에는 행복마을로 변할 수 있도록 계획된 사업을 완벽하게 추진할 계획이다. 특히 집수리 사업단, 터다짐 사업단, 숲가꾸기 사업단, 영농 사업단 등 주민들로 구성된 마을가꾸기 사업단을 운영하여 저소득층에게 일자리를 제공하여 경제적 도움도 줄 계획이다.

무지개 프로젝트는 기존 도시 재개발 정책의 부정적 결과에 대한 반성을 토대로 시민들이 가진 삶의 질을 보다 충실히 담아내고 지역이 가진 제반 물리적 문화적 여건과 자원을 효율적으로 활용하기 위한 전략이다.

즉, 그동안의 물리적 환경개선 중심의 도시개발 방식에서 벗어나 기존 주민들의 삶의 터전을 고려하고 주민들의 의견과 지역 커뮤니티와 조화를 이루며 나아가 사회 전체의 공공성을 지향하는 지속가능한 도시재생 전략이다.

대전을 넘어 세계로 퍼지는 무지개 프로젝트

무지개 프로젝트는 대외적으로 21세기 대전형 복지모델로 알려지면서 많은 상을 안겨주었다. 행정안전부와 한국일보가 공동 주관한 제4회 대한민국 지방자치 경영대전에서 복지부문 최우수 기관으로 선정되었다. 무지개 프로젝트는 신개념 지역

개발 방식과 가족 및 이웃에 대한 새로운 가치창조라는 두 가지 측면에서 높은 점수를 받았다.

또한 한국정책과학학회와 고려대 거버넌스 연구소가 주최하는 '2008 뉴거버넌스 리더십 메달'을 수상했다. 심사위원회는 영구임대아파트 단지 등 취약지역의 정주환경을 비롯한 교육환경 개선, 자활능력 배양, 지역공동체 복원을 목표로 한 무지개 프로젝트에 높은 점수를 주었다.

국내뿐 아니라 해외에서 열린 국제지역벤치마킹대회(IRBC), 세계사회복지대회(ICSW)에서도 우수시책으로 선정됐다. 무지개 프로젝트는 지역민의 큰 호응과 기대감 속에서 빈곤동네 재생을 위한 모범적 복지모델로 평가받으면서 서울, 부산, 광주, 경남 마산시 등에서도 벤치마킹의 대상이 됐다.

시가 대전대에 의뢰해 1,2단계 대상 지역주민 1천 500명을 대상으로 실시한 면접 설문조사 결과, 전체 응답자의 67%(1,005명)가 '매우 만족한다'고 응답했으며, 향후 참여의사에 대해서도 전체의 65%(975명)가 '적극 참여하겠다'고 대답했다.

만족 분야별로는 주거환경 개선, 편익시설확충, 교육여건 개선, 복지서비스 순으로 만족도가 높게 나타났다. 이 사업으로 저소득층 밀집지역의 주거환경이 획기적으로 개선됐다. 하지만 더 의미 있는 일은 주민들이 주인의식을 갖고 스스로 '예쁜 동네만들기'에 나서고 있다는데 있다. 환경이 바뀜으로써 '우리도 할 수 있다' 는 희망을 갖기 시작한 것이다.

우리 옆집에 누가 사는지도 모를 정도로 각박한 사회가 됐고 빈부격차는 더욱 심화됐다. 그런 측면에서 나는 이웃 간에 정이 넘치는 사회, 바로 이삼십 년 전의 우리 사회의 정겨운 모습을 복원하는 데 무지개 프로젝트의 의의가 있다고 생각한다.

그 열기를 반영하듯 1단계 무지개 프로젝트의 가시적 성과가 나타나면서부터 우리 시로 강의 및 자료 요청이 계속되고 있다. 지방자치단체들의 관심은 대부분 슬럼화 지역에 대한 재개발 문제를 다루는데 있어 무지개 프로젝트를 실험적 사례로 벤치마킹했다.

서울은 은평구 지역에서 뉴타운 개발에 대한 비판적 시각이 대두하면서 구의회 의원들이 직접 대전 시청을 방문해 설명을 듣기도 했다. 부산광역시, 광주광역시, 경남 마산시 등지에서도 원도심 지역 개발에 대해 많은 관심을 보였다.

그들이 무지개 프로젝트에 대해 호감을 갖는 이유는 몇 가지로 요약할 수 있다. 무지개 프로젝트가 주민들의 의견을 직접 듣고 이를 사업에 반영한다는 것, 그리고 빈곤층 주민들의 현지 정착을 목적으로 많은 예산을 집중 투자한다는 것이다.

또 학교를 지역사회의 문화센터로 자리매김하면서 담장을 헐어 열린 공간으로 활용한다는 것에도 많은 관심을 보였다. 각 시도 단체 관계자들은 공통적으로 무지개 프로젝트가 지향하는 지역공동체 형성에 호감을 보였다.

전국도시시민연대는 법동 지역을 방문해 현장에서 실사를 벌였다. 희망제작소가 운영하는 '좋은 시장 학교' 초청 강의에서는 지방 선거를 준비하는 예비 단체장들이 많은 질문을 했다.

미국 시애틀에서 열린 국제지역벤치마킹 발표대회에도 참석해 무지개 프로젝트를 설명했다. 이 자리에는 세계 17개국의 도시 대표들이 참석해 무지개에 대한 관심을 보였다. 프랑스 파리에서 열린 세계사회복지대회는 곽현근 교수(대전대 행정학과)가 사례 논문을 발표했다.

사회적 배제를 극복하는 희망 모델

사회적 양극화 현상의 일환으로 취약계층인 사회적 배제 집단이 생겨났다. 이것은 건강하고 행복한 사회를 만드는 데 걸림돌이 되는 지역현상이다. 최목화 교수(한남대 사회복지학과)는 시가 추진하는 희망 프로젝트의 개념에 대해 '지금까지 행정 중심의 전시효과가 아니라 차별화된 복지정책'이라고 말한다.

최 교수는 여러 단체의 프로젝트에 자문위원을 하면서 형식적으로 그치는 경우가 많았는데 무지개 프로젝트의 자문위원은 교수나 학자 중심이 아니라 현장 중심의 자문위원들이 배치돼 신선했다고 한다.

"현장 답사를 하면서 그동안 접하기 어려운 배제 집단의 목소리를 듣는 새로운 경험을 해 그 울림이 컸어요."

무지개 프로젝트는 그 초창기에 현장 주민들로부터 '이것도 다른 정책처럼 선심만 쓰고 마는 것 아니냐'는 시선을 받기도 했다. 그러나 사업이 하나하나 진행되면서 현장의 목소리가 제대로 반영돼 무지개 프로젝트가 성공적이었다는 평가를 받는다.

어떤 프로젝트이든 목표와 방향 설정이 중요하고 승패가 갈린다. 무지개 프로젝트는 추진 과정에서 공무원들의 고초와 인내가 필요했다. 시행착오가 생길 수도 있는 1단계를 잘 극복하고 목표와 방향 설정에 맞게 추진되고 있다. 시와 자문위원과의 관계도 순수하게 유지되고 있다.

이 사업에서 중요한 것은 주민들의 자발적 참여를 끌어냈다는 점이다. 최 교수는 무지개 프로젝트가 단순히 물리적인 환경 개선이 아니라 심리적 사회적 배제를 극복할 수 있는 희망을 보여주는 모델 역할을 했다고 보고 있다.

무지개 프로젝트의 과제에 대해서는 지속성 확보 방법이라고 지적했다. 도시재생사업에서 이뤄진 물리적 성과는 지속적인 관심과 배려가 없으면 효율을 기하기 어렵다. 물리적 환경개선은 시간에 따라 노후화가 진행되므로 주민들 스스로 가꾸고 프로그램에 참여할 수 있는 제도적 장치를 만들 필요도 있다.

또 주거환경 개선사업에서는 아동의 정서 문제가 간과되기 쉽다. 무지개 프로젝트에서는 실외 놀이터 환경개선이 중요하다. 지역 특성에 맞는 놀이 프로그램은 저소득층에 역점을 두고 진행되어야 한다. 놀이로 발전되는 놀이터 환경은 지역마다 달라질 수 있다. 신체적인 놀이만 촉진시키는 놀이터가 아니라 역사와 문화를 보여줄 필요가 있다.

참고 자료

(순서는 무순입니다)

1_ 〈문화환경이 지역가치에 미치는 영향 연구〉 나도삼 백승만, 서울시정개발연구원

2_ 〈한국의 시도 지사와 지역 정책〉 서영진, 나남출판

3_ 〈한국 사회복지의 이해〉 한국사회과학연구소, 동풍

4_ 〈한국 복지국가의 이상과 현실〉 인경석, 나남출판

5_ 〈자원봉사론〉 김현호, 혜진서관

6_ 〈소통과 나눔 그리고 새로운 마을〉 와다 다카시, 희망제작소

7_ 〈한국사회와 공동체〉 이종수, 다산

8_ 〈주거 빈곤층의 삶과 터전〉 노병일 윤경아, 다운샘

9_ 〈좋은 지역사회 만들기〉 최옥채, 현학사

10_ 〈택리지〉 이중환, 을유문화사

11_ 〈불량촌과 재개발〉 김형국, 나남

12_ 〈지방행정〉 2007년 1월

13_ 〈무지개 프로젝트 의의와 성과 및 과제 연구〉 대전광역시 지역혁신협의회

14_ 〈살기 좋은 지역 만들기〉 국가균형발전위원회, 제이플러스애드

15_ 〈도시 빈민의 삶과 공간〉 조은 조옥라, 서울대학교

16_ 〈한국 가족 복지의 이해〉 최경석 외, 인간과 복지

17_ 〈명품 도시의 탄생〉 최순수, 매일경제신문사

18_ 〈사회적 기업 근로자의 임파워먼트가 조직 성과에 미치는 영향에 관한 연구〉 김현채

19_ 〈꿈의 도시 꾸리찌바〉 박용남, 이후

20_ 살고 싶은 도시 만들기 국내외 사례 연구, 건설교통부 대한주택공사

21_ 소통과 나눔 그리고 새로운 마을, 와다 다카시, 아르케

22_ 희망제작소 www.makehope.org

23_ 대한주택공사 홈페이지 www.jugong.co.kr

24_ 통계청 홈페이지 www.nso.go.kr

25_ 대전시청 홈페이지 www.metro.daejeon.kr

26_ 한국일보/ 문화일보/ 한겨레 신문/ 오마이뉴스/ 조선일보/ 충청투데이/ 중도일보/
서울경제/ 경향신문(순서는 무순입니다)

도와주신 분들

(순서는 무순입니다)

배영길(생명종합사회복지관 사회복지사)

이상도(판암사회복지관)

최주환(월평종합사회복지관 관장)

김현채(대동종합사회복지관 관장)

남연우(월평종합사회복지관 사회복지사)

김성자(법동종합사회복지관)

신종근(대동종합사회복지관 사회복지사)

김옥희(판암2동 동장)

송영희(부사동 동장)

최목화(한남대학교 사회과학대학 교수)

류진석(충남대 교수)

임병호(대전발전연구원 책임연구원)

김부상(대전판암초등학교 교장)

이인학(대전광역시자원봉사지원센터장)

곽현근(대전대학교 행정학과 교수)

유낙준(대전광역시청소년쉼터 소장)

이동연('선한이웃사람들' 대표, 목사)

민병욱(판암2동 주민자치위원장)

손문영(판암2동 주민)

이종식(판암2동 주민)

오두환(동신중학교 교장)

장국현(대동 주민)

송난영(대동 주민)

황미숙(법동 주민)

유승화(대전 서구청 생활지원과)

한희호(월평2동 주민)

이영희(법동 주민)

양길현(법동 주민)

김기수(대전광역시청 세정과)

고철영(성공회 나눔의 집 사무국장)

이기분(판암2동 주민)

김영숙(판암1동 주민)

인세정(판암초등학교 교사)

최진희(동신중학교 교사)

백옥임(대동 무지개 프로젝트 추진협의회장)

장세정(법동 자원봉사자)

이상만(법동 주민)

김성자 부부(법동 주민)

김익현(부사동 주민자치위원장)

김준헌(부사칠석놀이 보존회장)

송병월(국민생활체육 대전광역시대덕구
국학기공연합회)

박성효 주요약력

1955년 2월 20일 대전출생

대전 삼성초등학교, 대전중학교, 대전고등학교 졸업

성균관대 행정학과 졸업

대전대 사회복지대학원 사회복지학과(석사)

공군복무, 중위 전역(81년 8월~85년 3월)

23회 행정고시 합격(79년)

대전시 서구청장(94년 1월~95년 6월)

대전시 경제국장(4년 6개월)

미국 워싱턴주립대학 방문연구원

대전시 기획관리실장(4년 5개월)

대전시 정무부시장

충남대 행정학과 겸임교수(현)

대전광역시 시장(현)

전국광역시장협의회 회장(현)

전국시·도지사협의회 부회장(현)

1994년 8월 2일 근정포장(대통령)

1994년 6월 5일 국무총리 표창(국무총리)

1997년 12월 31일 황조근정훈장(대통령)

2001년 2월 26일 대전개발상(대전개발위원회)

저서 『다리를 놓는 사람』

무지개 프로젝트

│ 초판 1쇄 인쇄 2009년 9월 25일 │ 초판 5쇄 발행 2009년 12월 3일 │ 지은이 박성효 │ 펴
낸이 임용호 │ 기획 이점석 │ 편집 김인현 │ 영업 이동호 │ 편집 디자인 에이틴 │ 펴낸곳 도
서출판 행복한 종. 종문화사 │ 출판 등록 1997년 4월 1일 제22-392 │ 주소 서울시 마포구
서교동 474-27 2층 │ 전화 02)735-6893 │ 팩스 02)735-6892 │ E-mail
jongmhs@hanmail. net │ 값 15,000원 │ ⓒ 2009 Jong Munhwasa printed in korea
│ ISBN 978-89-95695-03-6-03330 │ 잘못된 책은 바꾸어 드립니다.

.